Le Portugais

pour mieux voyager

D1238859

Guides de voyage

ULYSSE

Le plaisir de **mieux voyager**

Recherche et rédaction
Leonora Moncada Moura

Directeur de production
André Duchesne

Directeur de collection
Daniel Desjardins

Éditrice
Stéphane G. Marceau

Correcteurs
Pierre Daveluy
Carolina Lopes Araujo

Mise en page/infographie
André Duchesne
Isabelle Lalonde

Photographie Page couverture
G. Sioen

NOS DISTRIBUTEURS

Canada : Guides de voyage Ulysse, 4176, rue St-Denis, Montréal (Québec) H2W 2M5, ☎(514) 843-9882, poste 2232, ☎1-800-748-9171, fax : (514) 843-9448, www.guidesulysse.com, info@ulysse.ca

États-Unis : Distribooks, 8120 N. Ridgeway, Skokie, IL 60076-2911, ☎(847) 676-1596, fax : (847) 676-1195

Belgique : Presses de Belgique, 117, boulevard de l'Europe,1301 Wavre, ☎(010) 42 03 30, fax : (010) 42 03 52

France : Vivendi, 3, allée de la Seine, 94854 Ivry-sur-Seine Cedex, ☎01 49 59 10 10, fax : 01 49 59 10 72

Espagne : Altaïr, Balmes 69, E-08007 Barcelona, ☎(3) 323-3062, fax : (3) 451-2559

Italie : Centro cartografico Del Riccio, Via di Soffiano 164/A,50143 Firenze, ☎(055) 71 33 33, fax : (055) 71 63 50

Suisse : Havas Services Suisse, ☎(26) 460 80 60, fax : (26) 460 80 68

Pour tout autre pays, contactez les Guides de voyage Ulysse (Montréal).

© *Guides de voyage Ulysse inc.*
Tous droits réservés
Bibliothèque nationale du Québec
Dépôt légal - troisième trimestre 2002
ISBN 2-89464-219-9
Imprimé au Canada

TABLE DES MATIÈRES

Données de catalogage

(Guide de conversation Ulysse)

Comprend un index

Pour les voyageurs francophones.

Textes en français et en portugais.

ISBN 2-89464-219-9

1. Portugais (Langue) - Vocabulaire et manuels de conversation français. I. Collection.

PC5073.P67 2002   469.83'441   C2001-940006-3

Remerciements

Les Guides de voyage Ulysse reconnaissent l'aide financière du gouvernement du Canada par l'entremise du Programme d'aide au développement de l'industrie de l'édition (PADIÉ) pour ses activités d'édition.

Les Guides de voyage Ulysse tiennent également à remercier le gouvernement du Québec – Programme de crédit d'impôt pour l'édition de livres – Gestion SODEC.

INTRODUCTION

LE PORTUGAIS

Le portugais dérive essentiellement du latin, auquel s'est ajoutée l'influence du grec, de l'arabe et du celte. La langue portugaise est considérée comme une langue très poétique. En dépit de sa rigueur et de sa précision grammaticale toute latine, elle est d'une flexibilité surprenante et se prête à merveille à la créativité et aux usages innovateurs. Elle est la cinquième langue la plus parlée dans le monde.

Prononciation

/a/   Il peut être fermé ou ouvert, selon la syllabe tonique où il se trouve : *fala* [fa**l**a] **(parle)**.

Il est toujours ouvert lorsqu'il comporte un accent : *ágil* [**à**gil] **(agile)**.

/ã/   Se prononce ain : *lã* [lain] **(laine)**.

/ão/   Se prononce a-on : *eles são* [sa-on] **(ils sont)**. Ce son doit se prononcer d'un seul trait et il est nasal.

/am/   À la fin du mot se prononce a-on : *eles falam* [fala-on] **(ils parlent)**. Malgré la différence d'orthographe, ce son est identique à celui mentionné ci-dessus.

/c/   Tout comme en français, le *c* est doux devant *i* et *e*, et se prononce alors comme un *s* : *cerro* [se**rr**ou] **(butte)**. Devant les autres voyelles, il est dur : *carro* [**ka**rrou] **(voiture)**.

/ç/   Devant *a,o,u* se prononce ss : *praça* [pra**ss**a] **(place)**, *caroço* [karo**ss**ou] **(noyau)**.

| /e/ | Il est muet quand il se trouve en syllabe finale non accentuée: *verde* [verd] **(vert)**. |

En syllabe tonique et en syllabe accentuée, il est ouvert: *belo* [bèlou] **(beau)**, *ébano* [èbano] **(ébène)**.

Quand il est seul, *e* se prononce toujours i.

| /g/ | Comme le *c*, le *g* est doux devant *i* et *e*: *gelo* [gelou] **(glace)**. |

Devant les autres voyelles, il est dur: *golfo* [golfou] **(golfe)**.

/ch/	Se prononce ch, comme dans «chèque».
/h/	Ne se prononce pas: *hora* [ora] **(heure)**.
/j/	Se prononce comme en français: *jarro* [jarrou] **(pot)**, *jovem* [jovéin] **(jeune)**.
/lh/	Se prononce avec un roulement léger de la langue sur le palais: *molha* [molla] **(mouille)**, *velho* [vellou] **(vieux)**. Il n'a pas vraiment d'équivalent en français.
/m/	À la fin des mots, il sert à nasaliser la voyelle.
/o/	Se prononce toujours ou à la fin du mot quand la syllabe est non accentuée.

Il est ouvert quand la syllabe est tonique ou accentuée: *cola* [kola] **(colle)**, *órbita* [orbita] **(orbite)**.

/õ/	Se prononce on: *piões* [pion-ich] **(piétons)**.
/nh/	Se prononce comme le gn de «beigne»: *senhor* [segnor] **(monsieur)**.
/r/	Plus roulé et moins guttural qu'en français, sauf au début du mot, où il est toujours guttural.
/rr/	Moins roulé et guttural comme en français.

/qu/   Utilisé avant *e* et *i* se prononce k: *quente* [kente] **(chaud)**, *quieto* [kietou] **(tranquille)**.

      Devant les autres voyelles se prononce kou: *quando* [kuando] **(quand)**.

/s/   En début de mot ou doublé (ss) se prononce comme en français.

      Se prononce comme le *z* de «zèbre» entre deux voyelles: *casa* [caza] **(maison)**.

      Se prononce comme le *ch* de «chèque» devant une consonne ou à la fin du mot: *dois* [doïch] **(deux)**.

/u/   Se prononce toujours comme ou: *curto* [kourtou] **(court)**.

/x/   Peut se prononcer ch: *charope* [xarope] **(sirop)**;

                   kss: *toxico* [tókssikou] **(toxique)**;

                   z: *exemplo* [ezemplou] **(exemple)**;

                   ss: *máximo* [màssimou] **(maximum)**.

/z/   Se prononce *z* avant une voyelle: *zero* [zèrou] **(zéro)**.

      Se prononce comme le *ch* de «chèque» à la fin du mot: *paz* [pach] **(paix)**.

Dans l'alphabet portugais, les lettres *k*, *w* et *y* n'existent pas. Par contre, nous pouvons retrouver ces voyelles dans quelques mots et prénoms étrangers.

Toutes les autres lettres se prononcent comme en français.

TRANSCRIPTION PHONÉTIQUE

Dans ce guide de conversation, vous trouverez les mots répartis en trois colonnes, ou sur trois lignes, et ce, dans chacune des sections.

La **première colonne** donne généralement le mot en français.

Vis-à-vis, dans la **deuxième colonne**, vous trouverez sa traduction portugaise.

Finalement, la **troisième colonne** vous indiquera, grâce à une transcription phonétique, comment prononcer ce mot. Cette phonétique a été élaborée spécialement pour les francophones et se veut le plus simple possible.

Vous trouverez parfois les mots en portugais dans la première colonne, leur traduction en français dans la deuxième et la prononciation du mot portugais dans la troisième colonne, cela afin de vous aider à trouver facilement la signification d'un mot lu ou entendu.

N'oubliez pas de consulter les deux **index** à la fin du guide. Le premier rassemble les mots français dont il est question dans le guide, et le second réunit les mots portugais. Vous pouvez donc toujours vous y référer.

Vous remarquerez aussi que les phrases suggérées, en plus d'être traduites en portugais, sont aussi suivies de la transcription phonétique pour vous aider à les prononcer. Vous trouverez ci-dessous une explication de cette **phonétique**. Retenez que chaque signe se prononce comme en français. Par exemple, le signe *p* dans la phonétique se prononce comme le *p* français et réfère à la lettre *p* en portugais. La lettre *k* n'existe pas dans l'alphabet portugais, mais on l'a utilisée pour faciliter la prononciation dans la phonétique. Le signe *k* se prononce comme le *k* français, mais peut avoir été utilisé pour indiquer la prononciation du *c*, du *q* ou du *qu* portugais. Aussi, nous avons utilisé le tréma ¨ dans la transcription phonétique de quelques mots pour accentuer la voyelle *i*, bien que le tréma n'existe pas en portugais.

Phonèmes	Transcription phonétique	Exemple	
a	**a**	*mar*	[mar]
á	**à**	*água*	[àgoua]
ã	**ain**	*manhã*	[magnain]
an	**ain**	*antes*	[aintech]
ão	**a-on**	*pão*	[pa-on]
b	**b**	*bar*	[bar]
c	**s**	*cinco*	[sinkou]
	k	*cinco*	[sinkou]
ç	**ss**	*dançar*	[dainssar]
d	**d**	*dar*	[dar]
e	**e**	*pelo*	[pelou]
	i	*e*	[i]
	è	*belo*	[bèlou]
ê	**é**	*vêz*	[véch]
é	**è**	*ébano*	[èbano]
f	**f**	*fim*	[fim]
g	**g**	*gato*	[gatou]
i	**i**	*italia*	[italia]
	ï	*loiça*	[loïssa]
j	**j**	*jogo*	[jogou]
l	**l**	*lua*	[loua]
m	**m**	*medo*	[medou]
n	**n**	*nado*	[nadou]
o	**o**	*ovo*	[ovou]
	ou	*magro*	[magrou]
ões	**on**	*piões*	[pion-ich]
ões	**on-ich**	*piões*	[pion-ich]
p	**p**	*par*	[par]
qu	**k**	*quer*	[ker]
	kou	*qual*	[koual]
r	**r**	*pera*	[pera]

rr	rr	*carro*	[karrou]
s	s	*sol*	[sol]
	ss	*massa*	[massa]
	ch	*esta*	[èchta]
	z	*casa*	[kaza]
t	t	*tua*	[toua]
u	ou	*uva*	[ouva]
x	z	*exemplo*	[ezémplou]
	ch	*xarope*	[charope]
	kss	*táxi*	[tàkssi]
z	z	*zero*	[zèrou]
	ch	*paz*	[pach]

ACCENTUATION

En portugais, tout comme en français, nous avons les accents aigu et grave pour moduler les syllabes. Il y a deux autres accents importants: l'*esdrúxulo* ou **proparoxyton**, qui module l'antépénultième (ex.: *político* [poulitico] **(politicien)**, et le *til* ou **tilde (~)**, qui sert à nasaliser les voyelles (*pão* [pa-on] **(pain)**). Quant à l'accent circonflexe, il module légèrement la syllabe tonique. Le tréma n'existe pas en portugais.

L'**accent tonique portugais** est de **type lexical**, c'est-à-dire que le mot conserve toujours le même accent quelle que soit sa place dans la phrase, alors qu'en français le mot perd son accent au profit du groupe de mots **(accent syntaxique)**.

En portugais, chaque mot comporte une syllabe plus accentuée, **l'accent tonique**, qui est très important, s'avérant souvent nécessaire pour que votre interlocuteur vous comprenne. Si, dans un mot, une voyelle porte un accent aigu, c'est cette syllabe qui doit être accentuée, car, dans le cas contraire, cela peut changer la signification du mot ou exprimer un temps de verbe différent comme dans les cas suivants:

*canta**rá***	(futur)
*canta**sse***	(subjonctif)
*câ**ntara***	(nom)
*calcu**lou***	(passé simple)
*calcu**lo***	(présent)
*cá**lculo***	(nom)
*deposi**tou***	(passé simple)
*depo**si**to*	(présent)
*de**pó**sito*	(nom)

S'il n'y a pas d'accent sur le mot, il faut suivre la simple règle qui consiste à accentuer l'avant-dernière syllabe de tout mot qui se termine par une voyelle:

*a**mi**go, **ca**sa, **bar**co.*

On doit accentuer la dernière syllabe de tout mot qui se termine par une consonne sauf *s* (pluriel des noms et adjectifs) ou *n* (pluriel des verbes): *a**mi**gos, **fa**lam.*

*al**cool**, men**tol**, a**zul**, na**riz**, co**rrer**,*

Introduction

QUELQUES CONSEILS

◆ Lisez à haute voix.

◆ Écoutez des chansons du pays en essayant de comprendre certains mots.

◆ Faites des associations d'idées pour mieux retenir les mots et le système linguistique. Ainsi, en portugais, retenez qu'une terminaison en *o* désigne presque toujours un mot masculin, tandis que les terminaisons en *a* sont généralement réservées aux mots féminins. À titre d'exemple, le prénom João (João Braga) est masculin, alors que Amália (Amália Rodrigues) est féminin.

◆ Faites aussi des liens entre le français et le portugais. Par exemple, «dernier» se dit *último* en portugais, un terme voisin d'«ultime» en français. Dans le même ordre d'idées, «excusez-moi» se traduit par *des**cul**pe-me*, *des**cul**pe*, *per**dão***, alors qu'on dit également en français «se disculper».

◆ Essayez par ailleurs de déduire par vous-même les dérivés de certains mots courants tels que *lento* et *lentamente* pour «lent» et «lentement». Vous élargirez ainsi plus rapidement votre vocabulaire.

GRAMMAIRE

LE FÉMININ ET LE MASCULIN

En portugais, les mots masculins se terminent souvent par *o* et les mots féminins par *a*. Par exemple:

A lua	**La lune**
O castelo	**Le château**

Cependant, il y a des exceptions.

Par exemple:

O sol	**Le soleil**
O pai	**Le père**
O problema	**Le problème**
A mulher	**La femme**
A mão	**La main**

Élimination du pronom personnel

En portugais, le pronom personnel est généralement omis. Ainsi, pour dire «je voyage beaucoup», on ne dit pas *eu viajo muito*, mais plutôt *viajo muito*. Aussi, pour dire «tu viens avec moi», on ne dit pas *tu vens comigo*, mais plutôt *vens comigo*.

Par exemple:

Vou à praia. **Je vais à la plage.**

Caminhamos juntos. **Nous marchons ensemble.**

La négation

L'usage de la négation est très simple en portugais. Il suffit de mettre *não* devant le verbe.

Par exemple:

Não vou à praia. **Je ne vais pas à la plage.**

Não come carne. **Il ne mange pas de viande.**

Não vens comigo? **Ne viens-tu pas avec moi?**

Dans la négation, l'utilisation du pronom personnel est cependant plus fréquente et sert à mettre l'emphase sur la personne. Il faut alors placer *não* entre le pronom personnel et le verbe.

Par exemple:

Tu não vais à discoteca. **Tu ne vas pas à la discothèque.**

Eu não quero ver-te. **Je ne veux pas te voir.**

L'article partitif

L'article partitif «du» et son pluriel «des» n'existent pas en portugais.

Par exemple:

Comemos pão. **Nous mangeons du pain.**

Compro roupa. **J'achète des vêtements.**

L'article défini

L'article défini est utilisé comme en français, soit devant le mot qu'il désigne. La seule différence est qu'au pluriel l'article défini s'accorde en genre.

Au féminin pluriel:

As flores **Les fleurs**

As bibliotecas **Les bibliothèques**

Au masculin pluriel:

Os cadernos **Les cahiers**

Os livros **Les livres**

De plus, *o* est équivalent de «le» en français (masculin singulier).

Par exemple:

O cão **Le chien**

O gato **Le chat**

A est l'équivalent de «la» en français (féminin singulier).

Par exemple:

A praia **La plage**

L'article indéfini

L'article indéfini s'utilise comme en français au singulier. Cependant, l'article indéfini s'accorde en genre au pluriel.

Par exemple:

Au féminin pluriel:

Umas amigas	**Des amies**
Umas mesas	**Des tables**

Au masculin pluriel:

Uns amigos	**Des amis**
Uns copos	**Des verres**

Au singulier, l'article indéfini masculin est *um*.

Par exemple:

Um amigo	**Un ami**

Au singulier, l'article indéfini féminin est *uma*.

Par exemple:

Uma casa	**Une maison**

Le pronom personnel sujet

En français, la forme polie pour s'adresser à une ou plusieurs personnes consiste à remplacer le «tu» par le «vous». En portugais, on s'exprime d'une manière très polie; donc nous devons employer *o senhor / a senhora (le monsieur / la dame)* pour le singulier et *os senhores / as senhoras* pour le pluriel.

Vous êtes un très bon guide.
O senhor / a senhora é muito bom/boa guia

Avez-vous une chambre libre?
O senhor / a senhora tem um quarto livre?

Vous êtes très aimables.
Os senhores / as senhoras são muito amavéis.

Savez-vous qui est le chauffeur?
Os senhores / as senhoras sabem quem é o motorista?

LES VERBES

Il y a, en portugais comme en français, trois groupes de verbes qui se distinguent d'après les terminaisons de l'infinitif qui sont *ar*, *er* et *ir*.

Notez que, faute d'espace, nous n'avons pas mentionné les pronoms personnels dans la conjugaison des verbes. Ils devraient toujours se lire comme suit:

	Français	*Portugais*
1re pers. du singulier	Je	*Eu*
2e pers. du singulier	Tu	*Tu*
3e pers. du singulier	Il, Elle	*Ele, Ela (o senhor, a senhora)*

Grammaire

1re pers. du pluriel	Nous	*Nós*
2e pers. du pluriel	Vous	*Vós*
3e pers. du pluriel	Ils, Elles	*Eles, Elas* *(os senhores /* *as senhoras)*

L'impératif

Si vous connaissez le présent de l'indicatif des verbes réguliers, vous pourrez donner des ordres sans peine.

L'impératif en portugais n'est ainsi que la troisième personne de l'indicatif présent.

Par exemple:

S'il te plaît, monte mes valises à la chambre.
Por favor sobe as minhas malas ao quarto.

Ferme la porte.
Fecha a porta.

Si vous utilisez la forme polie avec *o senhor / a senhora*, il faut changer la terminaison du verbe régulier à l'infinitif par:

verbes en *ar: e;*

verbes en *ir* et *er: a.*

Par exemple:

S'il vous plaît, monsieur, madame, montez mes valises.
Por favor, (o senhor / a senhora) suba as minhas malas (subir: suba).

Achetez-moi un billet, s'il vous plaît.
Compra-me um billete por favor (comprar: compre).

Si vous avez à donner des ordres à plusieurs personnes, vous devez remplacer la terminaison du verbe régulier à l'infinitif par:
verbes en *ar*: *em*;
verbes en *ir* et *er*: *am*.

Par exemple:

S'il vous plaît, montez mes valises à la chambre.
Por favor, subam as minhas malas (subir: subam).

Parlez plus lentement.
Falem mais devagar (falar: falem).

Le passé simple

Le passé composé n'est pas employé en portugais. On utilise plutôt le passé simple dans la langue parlée. Ainsi, pour toute action qui s'est déroulée dans une période de temps passée, il faut utiliser le passé simple.

Par exemple:

Ontem, fomos ao museu.
Hier nous fûmes au musée.

O ano passado ganhei muito dinheiro.
L'an passé je gagnai beaucoup d'argent.

1er groupe (verbes en *ar*)

aimer – *amar*

Infinitif – *Infinitivo*

Simple	*Simple*	**Composé**	*Composto*
aimer	*amar*	avoir aimé	*ter amado*

Participe – *Participio*

Présent	*Gerúndio*	**Passé**	*Passado*
aimant	*amando*	aimé-ée	*amado/a*
		ayant aimé	*tendo amado*

Indicatif – *Indicativo*

Présent	*Presente*
aime	*amo*
aimes	*amas*
aime	*ama*
aimons	*amamos*
aimez	*amais*
aiment	*amam*

Imparfait	*Imperfeito*	**Plus-que-parfait**	*Mais-que-perfeito*
aimais	*amava*	avais aimé	*tinha amado*
aimais	*amavas*	avais aimé	*tinhas amado*
aimait	*amava*	avait aimé	*tinha amado*
aimions	*amávamos*	avions aimé	*tínhamos amado*
aimiez	*amáveis*	aviez aimé	*tínheis amado*
aimaient	*amavam*	avaient aimé	*tínham amado*

Passé simple	*Pretérito perfeito*	**Futur simple**	*Futuro*
aimai	*amei*	aimerai	*amarei*
aimas	*amaste*	aimeras	*amarás*
aima	*amou*	aimera	*amará*
aimâmes	*amamos*	aimerons	*amaremos*
aimâtes	*amastes*	aimerez	*amareis*
aimèrent	*amaram*	aimeront	*amarão*

2ᵉ groupe (verbes en *er*)

craindre – *temer*

Infinitif – *Infinitivo*

Simple	*Simple*	**Composé**	*Composto*
craindre	*temer*	avoir craint	*ter temido*

Participe – *Particípio*

Présent	*Gerúndio*	**Passé**	*Passado*
craignant	*temendo*	craint-ainte	*temido/a*
		ayant craint	*tendo temido*

Indicatif – *Indicativo*

Présent	*Presente*
crains	*temo*
crains	*temes*
craint	*teme*
craignons	*tememos*
craignez	*temeis*
craignent	*temem*

Imparfait	*Imperfeito*	**Plus-que-parfait**	*Mais-que-perfeito*
craignais	*temia*	avais craint	*tinha temido*
craignais	*temias*	avais craint	*tinhas temido*
craignait	*temia*	avait craint	*tinha temido*
craignions	*temíamos*	avions craint	*tínhamos temido*
craigniez	*temíeis*	aviez craint	*tínheis temido*
craignaient	*temiam*	avaient craint	*tinham temido*

Grammaire

Passé simple	Pretérito perfeito	Futur simple	Futuro
craignis	temi	craindrai	temerei
craignis	temeste	craindras	temerás
craignit	temeu	craindra	temerá
craignîmes	tememos	craindrons	temeremos
craignîtes	temestes	craindrez	temereis
craignirent	temeram	craindront	temerão

3ᵉ groupe (verbes en *ir*)

partir – *partir*

Infinitif – *Infinitivo*

Simple	*Simple*	**Composé**	*Composto*
partir	*partir*	être parti	*ter partido*

Participe – *Participio*

Présent	*Gerúndio*	**Passé**	*Passado*
partant	*partindo*	parti-ie	*partido*
		étant parti	*tendo*
			partido

Indicatif – *Indicativo*

Présent	*Presente*
pars	*parto*
pars	*partes*
part	*parte*
partons	*partimos*
partez	*partis*
partent	*partem*

Imparfait	*Imperfeito*	Plus-que-parfait	*Mais-que-perfeito*
partais	*partia*	étais parti	*tinha partido*
partais	*partias*	étais parti	*tinhas partido*
partait	*partia*	était parti	*tinha partido*
partions	*partíamos*	étions partis	*tinhamos partido*
partiez	*partíeis*	étiez partis	*tinheis partido*
partaient	*partiam*	étaient partis	*tinham partido*

Passé simple	*Pretérito perfeito*	Futur simple	*Futuro*
partis	*parti*	partirai	*partirei*
partis	*partiste*	partiras	*partirás*
partit	*partiu*	partira	*partirá*
partîmes	*partimos*	partirons	*partiremos*
partîtes	*partistes*	partirez	*partireis*
partirent	*partiram*	partiront	*partirão*

Le verbe «être»

En portugais, le verbe «être» s'exprime par deux verbes irréguliers: *ser* et *estar*.

Ser exprime l'existence et, d'une manière générale, un état permanent. Plus spécifiquement:

a) l'occupation

Je suis touriste.	*Eu sou turista.*	[**é**ou sô tou**rich**ta]

b) la couleur

Le manteau est noir.	*O casaco é preto.*	[Ou ca**za**co è **pre**to]

Grammaire

c) la qualité

La piscine est petite.	*A piscina é pequena.*	[a pi**chi**na è pe**ké**na]

d) la possession

C'est le passeport de María.	*O pasaporte é de Maria.*	[o passa**por**te è de ma**ri**a]

e) l'origine

Tu es du Portugal.	*Tu és de Portugal.*	[tou **è**ch dou Pourtougal]

f) la nationalité

Ana est Portugaise.	*Ana é Portuguesa.*	[Ana è pourtu**gue**sa]

g) la matière

La boîte est en cuir.	*A caixa é de couro.*	[a **kai**cha è de **ko**rou]

Estar permet de situer une personne ou un objet et indique, d'une manière générale, un état temporaire; ce verbe sert à localiser les personnes ou les objets et à décrire les états ponctuels.

a) Je suis (vais) bien.	*Estou bem.*	[est**o** béin]
b) Anne est (se trouve) à Lisbonne.	*Anne está em Lisboa.*	[Ana echt**à** éin Lichboa]

être – *ser*

Infinitif – *Infinitivo*

Simple	*Simple*	**Composé**	*Composto*
être	*ser*	avoir été	*ter sido*

Participe – *Participio*

Présent	*Gerúndio*	**Passé**	*Passado*
étant	*sendo*	été	*sido*
		ayant été	*tendo sido*

Indicatif – *Indicativo*

Présent	*Presente*
suis	*sou*
es	*és*
est	*é*
sommes	*somos*
êtes	*sois*
sont	*são*

Imparfait	*Imperfeito*	**Plus-que-parfait**	*Mais-que-perfeito*
étais	*era*	avais été	*tinha sido*
étais	*eras*	avais été	*tinhas sido*
était	*era*	avait été	*tinha sido*
étions	*éramos*	avions été	*tínhamos sido*
étiez	*éreis*	aviez été	*tínheis sido*
étaient	*eram*	avaient été	*tinham sido*

Passé	*Pretérito*	**Futur**	*Futuro*
simple	*perfeito*	**simple**	
fus	*fui*	serai	*serei*
fus	*foste*	seras	*serás*
fut	*foi*	sera	*será*
fûmes	*fomos*	serons	*seremos*
fûtes	*fostes*	serez	*sereis*
furent	*foram*	seront	*serão*

être – *estar*

Infinitif – *Infinitivo*

Simple	*Simple*	**Composé**	*Compuesto*
être	*estar*	avoir été	*ter estado*

Participe – *Participio*

Présent	*Gerúndio*	**Passé**	*Passado*
étant	*estando*	été	*estado*
		ayant été	*tendo*
			estado

Indicatif – *Indicativo*

Présent	*Presente*
suis	*estou*
es	*estás*
est	*está*
sommes	*estamos*
êtes	*estais*
sont	*estão*

Imparfait	Imperfeito	Plus-que-parfait	Mais-que-perfeito
étais	estava	avais été	tinha estado
étais	estavas	avais été	tinhas estado
était	estava	avait été	tinha estado
étions	estávamos	avions été	tinhamos estado
étiez	está veis	aviez été	tínheis estado
étaient	estavam	avaient été	tinham estado

Passé simple	Pretérito perfeito	Futur simple	Futuro
fus	estive	serai	estaréi
fus	estiveste	seras	estarás
fut	esteve	sera	estará
fûmes	estivemos	serons	estaremos
fûrent	estivesteis	serez	estareis
furent	estiveram	seront	estarão

Le verbe «avoir»

L'équivalent d'«avoir» en portugais est le verbe irrégulier *ter*. On le conjugue comme suit:

avoir – *ter*

Infinitif – *Infinitivo*

Simple	Simple	Composé	Composto
avoir	ter	avoir eu	ter tido/a

Participe – *Participio*

Présent	Gerúndio	Passé	Passado
ayant	tendo	eu-eue	tido/a
		ayant eu	tendo tido

Indicatif – *Indicativo*

Présent	*Presente*
ai	*te*nho
as	*ten*s
a	*te*m
avons	*te*mos
avez	*ten*des
ont	*têm*

Imparfait	*Imperfeito*	**Plus-que-parfait**	*Mais-que-perfeito*
avais	*ti*nha	avais eu	*tinha* tido
avais	*ti*nhas	avais eu	*tinhas* tido
avait	*ti*nha	avait eu	*tinha* tido
avions	*tí*nhamos	avions eu	*tínhamos* tido
aviez	*ti*nheis	aviez eu	*tí*nheis tido
avaient	*ti*nham	avaient eu	*ti*nham tido

Passé simple	*Pretérito perfeito*	**Futur**	*Futuro*
eus	*ti*ve	aurai	ter*é*i
eus	*ti*veste	auras	ter*á*s
eut	*te*ve	aura	ter*á*
eûmes	*ti*vemos	aurons	ter*e*mos
eûtes	*ti*vestes	aurez	ter*e*is
eurent	*ti*veram	auront	ter*ã*o

D'autres verbes

Infinitif

ouvrir	*abrir*	[ab**ri**r]
aller	*ir*	[**ir**]
venir	*vir*	[**vir**]
donner	*dar*	[d**ar**]
pouvoir	*poder*	[pou**dar**]
vouloir	*querer*	[ke**rar**]
parler	*falar*	[fal**ar**]
manger	*comer*	[kou**mar**]

Présent de l'indicatif (Ire personne)

ouvre	*abro*	[**a**brou]
vais	*vou*	[**vo**]
viens	*venho*	[**va**gnou]
donne	*dou*	[d**o**]
peux	*posso*	[**po**ssou]
veux	*quero*	[**kè**rou]
parle	*falo*	[**fa**lou]
mange	*como*	[**ko**mou]

Grammaire

Imparfait (Ire personne)

ouvrais	*abria*	[ab**ria**]
allais	*ía*	[**ia**]
venais	*vinha*	[**vi**gna]
donnais	*dava*	[**da**va]
pouvais	*podia*	[pou**dia**]
voulais	*queria*	[ke**ria**]
parlais	*falava*	[fa**la**va]
mangeais	*comia*	[kou**mia**]

Futur (Ire personne)

ouvrirai	*abrirei*	[abri**rei**]
irai	*irei*	[i**rei**]
viendrai	*virei*	[vi**rei**]
donnerai	*darei*	[da**rei**]
pourrai	*poderei*	[poude**rei**]
voudrai	*queria*	[ke**ria**]
parlerai	*falarei*	[fala**rei**]
mangerai	*comerei*	[**kou**me**rei**]

RENSEIGNEMENTS GÉNÉRAUX

MOTS ET EXPRESSIONS USUELS
PALAVRAS E EXPRESSÕES USUAIS

Oui	*Sim*	[sin]
Non	*Não*	[na-on]
Peut-être	*Talvez*	[tal**véch**]
Excusez-moi	*Desculpe*	[**dech**coulpe]
Bonjour (forme familière)	*Olá*	[o**là**]
Bonjour (le matin)	*Bom dia*	[bon **dia**]
Bonjour (l'après-midi)	*Boa tarde*	[boa **tarde**]
Bonne nuit	*Boa noite*	[boa **noite**]
Salut	*Adeus*	[adé**ouch**]
Au revoir	*Até breve*	[a**tè brève**]
	Até logo	[a**tè logou**]
Merci	*Obrigado/a*	[obri**gadou**/a]
Merci beaucoup	*Muito obrigado/a*	[**mouin**tou obri**gadou**/a]
S'il vous plaît	*Por favor*	[pour fa**vor**]
Je vous en prie	*De nada*	[de **nada**]
Comment allez-vous?	*Como está?*	[**ko**mou ech**tà**
	O senhor / a senhora?	ou se**gnor**, a se**gnora**]

33

Très bien, et vous?	*Muito bem E o senhor / a senhora?*	[**mouin**tou bein] [i ou se**gnor**, a se**gno**ra]
Très bien, merci	*Muito bem obrigado*	[**mouin**tou bein obri**ga**dou/a]
Où se trouve...? l'hôtel...?	*Onde é... o hôtel...?*	[**on**de è ou o**tel**]
Est-ce qu'il y a...?	*Há...?*	[**à**]

Est-ce qu'il y a une piscine?
Tem piscina?
[**Tèin** pich**i**na]

Est-ce loin d'ici?
É longe daqui?
[è **lon**ge da**ki**]

Est-ce près d'ici?
É perto daqui?
[È **pèr**tou da**ki**]

ici	*aqui*	[a**ki**]
là	*ali, lá*	[a**lï**, là]
à droite	*à direita*	[à di**rei**ta]
à gauche	*à esquerda*	[à ech**ker**da]
tout droit	*a direito*	[a di**rei**tou]
avec	*com*	[**kon**]
sans	*sem*	[**sein**]

Renseignements généraux

beaucoup	*muito*	[**moui**ntou]
peu	*pouco*	[**po**kou]
souvent	*muitas vezes*	[**moui**tach vézech]
de temps à autre	*de vez em quando*	[de **vech** ein **kouain**dou]
quand	*quando*	[**kouain**dou]
très	*muito*	[**moui**ntou]
aussi	*também*	[tamb**éin**]
au-dessus de (sur)	*em cima de sobre*	
	(por cima de)	[pour **si**ma de]
au-dessous de (sous)	*debaixo*	de **bai**chou]
	(por debaixo)	pour de**bai**chou de]
en haut	*em cima*	[éin **si**ma]
en bas	*em baixo*	[éin **bai**chou]

Excusez-moi, je ne comprends pas.
Desculpe não compreendo.
[dech**oul**pe **na-on** kompri**én**dou]

Pouvez-vous parler plus lentement, s'il vous plaît?
Pode falar mais devagar por favor?
[**po**de fa**lar** m**aich** deva**gar** pour fa**vor**]

Pouvez-vous répéter, s'il vous plaît?
Pode repetir por favor?
[**po**de repe**tir** pour fa**vor**]

Parlez-vous français?
Fala francês?
[**fa**la frans**séch**]

Je ne parle pas portugais.
Não falo português.
[**na-on fa**lou pourtou**guéch**]

Y a-t-il quelqu'un ici qui parle français?
Há alguém aqui que fale francês?
[**À** algu**èin** a**ki** que **fa**le frans**séch**]

Y a-t-il quelqu'un ici qui parle anglais?
Há alguém aqui que fale inglês?
[**À** alguein a**ki** que **fa**le in**gléch**]

Est-ce que vous pouvez me l'écrire?
Pode, escrever-lo?
[**po**de echcre**ver-lou**]

Qu'est-ce que cela veut dire?
Que quer dizer isto?
[ke **kè**r di**zer ich**tou]

Que veut dire le mot...?
Que quer dizer a palavra...?
[ke **kè**r di**zer** a pa**la**vra]

Je comprends.
Compreendo.
[kompri**éin**dou]

Comprenez-vous?
O senhor / a senhora comprrende?
[Ou se**gnor** / a se**gno**ra compr**iein**de]

En français, on dit...
Em francês diz-se...
[éin fran**céch dich**-se]

En anglais, on dit...
Em inglês diz-se...
[éin in**gléch dich**-se]

Pouvez-vous me l'indiquer dans le livre?
Pode-mo indicar no livro?
[**po**de-mou indi**kar** nou **li**vrou]

Puis-je avoir...?
Posso ter...?
[**po**ssou ter]

Je voudrais avoir...
Desejaria ter...
[deseja**ria** ter]

Je ne sais pas.
Eu não sei.
[éou **na-on sei**]

Renseignements généraux

LES COULEURS – *AS CORES*

blanc/che	*branco/a*	[**brain**cou/a]
noir/e	*preto/a*	[**pré**tou/a]
rouge	*vermelho/a*	[vermé**lhou/a**]
vert/e	*verde*	[**vér**de]
bleu/e	*azul*	[a**zoul**]
jaune	*amarelo/a*	[ama**rè**lou/a]

LES NOMBRES – *OS NÚMEROS*

un	*um, uma*	[**oun** | **ou**ma]
deux	*dois, duas*	[do**ich**, dou**ach**]
trois	*três*	[t**réch**]
quatre	*quatro*	[**koua**trou]
cinq	*cinco*	[**sin**kou]
six	*seis*	[**séich**]
sept	*sete*	[**sè**te]
huit	*oito*	[**oi**tou]
neuf	*nove*	[**no**ve]
dix	*dez*	[**dèch**]
onze	*onze*	[**on**ze]
douze	*doze*	[**do**ze]
treize	*treze*	[**tre**ze]
quatorze	*quatorze*	[ka**tor**ze]
quinze	*quinze*	[**kin**ze]

seize	*dezasseis*	[dezass**éich**]
dix-sept	*dezassete*	[dezass**ete**]
dix-huit	*dezoito*	[de**zoi**tou]
dix-neuf	*dezanove*	[deza**nove**]
vingt	*vinte*	[**vi**nte]
vingt et un	*vinte e um,uma*	[**vi**nte et oun, ouma]
vingt-deux	*vinte e dois*	[**vi**nte i d**oich**]
trente	*trinta*	[**tri**nta]
trente et un	*trinta e um*	[**tri**nta et oun]
trente-deux	*trinta e dois*	[**tri**nta et d**oich**]
quarante	*quarenta*	[kouar**én**ta]
quarante et un	*quarenta e um/a*	[kouar**én**ta i oun]
cinquante	*cinquenta*	[sink**ouéin**ta]
soixante	*sessenta*	[sess**én**ta]
soixante-dix	*setenta*	[set**én**ta]
quatre-vingt	*oitenta*	[oit**én**ta]
quatre-vingt-dix	*noventa*	[nouv**én**ta]
cent	*cem /cento*	[**séin** | s**én**tou]
deux cents	*duzentos*	[dou**zén**toch]
deux cent quarante-deux	*duzentos e quarenta e dois*	[dou**zén**touch | kouar**én**ta i d**oih**]
cinq cents	*quinhentos*	[kig**nén**touch]
mille	*mil*	[**mil**]
dix mille	*dez mil*	[**dèch** mil]
un million	*um milhão*	[oun mi**lla-on**]

Pour «trente» et «quarante», comme on peut voir ci-dessus, et les autres nombres jusqu'à «quatre-vingt-dix», on doit ajouter au nombre en question *e dois, três,* etc. À partir de «cent», on y ajoute aussi *e*.

L'HEURE ET LE TEMPS – *HORA E TEMPO*

Heure – *Hora*

Quelle heure est-il?	*Que horas são?*	[ke **ó**rach **sa**-on]
Il est une heure.	*É uma hora.*	[è **ou**ma **ò**ra]
Il est deux heures.	*São duas horas.*	[**sa**-on **dou**ach **ò**rach]
trois heures et demie	*três e meia*	[**trè**ch i **mé**ia]
quatre heures et quart	*quatro e um quarto*	[**koua**trou i oun **kouar**tou]
cinq heures moins le quart	*cinco horas menos um quarto*	[**sin**kou mé**nouch kouar**tou]
six heures cinq	*seis e cinco*	[**séi**ch i **sin**kou]
sept heures moins dix	*sete menos dez*	[**sè**te me**nouch dèch**]
Dans un quart d'heure	*Num quarto de hora*	[noun **kouar**tou de **ho**ra]
Dans une demi-heure	*Daqui a meia hora*	[da**ki** a **mé**ia **ho**ra]
Dans une heure	*Daqui a uma hora*	[da**ki** a ouma **o**ra]
Dans un instant	*Num instante*	[noun incht**ain**te]

40

Un instant, s'il vous plaît	*Un momento, por favor*	[oun mo**men**tou pour fa**vor**]
Quand?	*Quando?*	[**kouain**dou]
Tout de suite	*Em seguida*	[éin se**gui**da]
Maintenant	*Agora*	[a**go**ra]
Ensuite	*Depois*	[de**poich**]
Plus tard	*Mais tarde*	[mais **tar**de]ch
Je reviendrai dans une heure.	*Voltarei Daqui a uma hora.*	[volta**réi** da**ki** a ouma **o**ra]

Moments de la journée – *Momentos do dia*

jour	*dia*	[**di**a]
nuit	*noite*	[**noi**te]
matin	*manhã*	[ma**gnain**]
après-midi	*tarde*	[**tar**de]
soirée	*fim da tarde*	[**fin** da **tar**de]
aujourd'hui	*hoje*	[**o**je]
ce matin	*esta manhã*	[**èch**ta ma**gnain**]
cet après-midi	*esta tarde*	[**èch**ta **tar**de]
ce soir	*esta noite*	[**éch**ta **noi**te]
demain	*amanhã*	[ama**gnain**]
demain matin	*amanhã de manhã*	[ama**gnain** de ma**gnain**]
demain après-midi	*amanhã de tarde*	[**a**ma**gnain** de **tar**de]
demain soir	*amanhã de noite*	[**a**ma**gnain** de **noi**te]

après-demain	*depois de amanhã*	[depoich de amagnain]
hier	*ontem*	[ontèin]
avant-hier	*anteontem*	[anteontèin]
semaine	*semana*	[semana]
la semaine prochaine	*a semana próxima*	[a semana prossima]
la semaine dernière	*a semana passada*	[a semana passada]
lundi prochain	*segunda-feira próxima*	[segounda-féir a prossima]

Jours de la semaine – *Dias da semana*

dimanche	*domingo*	[doumingou]
lundi	*segunda-feira*	[segounda-féira]
mardi	*terça-feira*	[terça-féira]
mercredi	*quarta-feira*	[kouarta – féira]
jeudi	*quinta-feira*	[kinta-féira]
vendredi	*sexta-feira*	[sechta-féira]
samedi	*sábado*	[sàbadou]

Mois – *Meses*

janvier	*janeiro*	[janéirou]
février	*fevereiro*	[feveréirou]
mars	*março*	[marssou]

avril	*abril*	[a**bril**]
mai	*maio*	[**mai**ou]
juin	*junho*	[**jou**gnou]
juillet	*julho*	[**jou**llou]
août	*agosto*	[a**goch**tou]
septembre	*setembro*	[se**tém**brou]
octobre	*outubro*	[o**tou**brou]
novembre	*novembro*	[nou**vém**brou]
décembre	*dezembro*	[de**zém**brou]

À quelle heure la chambre sera-t-elle prête?
A que horas é que está o quarto pronto?
[a ke **ho**ras è ke es**tà** ou **kouartou pron**tou]

À quelle heure doit-on quitter la chambre?
A que horas se deve deixar o quarto?
[a ke **ho**rach se **dè**ve déi**char** ou **kouar**tou]

Quel est le décalage horaire entre... et... ?
Qual é a diferença de hora entre... e...?
[Kou**al** è a difer**énssa** de **ho**ra en**tre**... i...]

PAYS ET NATIONALITÉS –
PAÍSES E NACIONALIDADES

Allemagne	*Alemanha*	[ale**ma**gna]
Angleterre	*Inglaterra*	[éinglat**èrra**]
Australie	*Australia*	[**àou**cht**rà**lia]
Autriche	*Austria*	[**àou**chtria]
Belgique	*Bélgica*	[**bèl**gika]
Brésil	*Brasil*	[bra**zil**]
Canada	*Canadá*	[kana**dà**]
Écosse	*Escócia*	[ech**ko**ssia]
Espagne	*Espanha*	[ech**pa**gna]
États-Unis	*Estados-Unidos*	[**ech**tadouch-ounidouch]
France	*França*	[**frain**ssa]
Grande-Bretagne	*Grã Bretanha*	[grain Bret**agna**]
Grèce	*Grécia*	[**grè**ssia]
Irlande	*Irlanda*	[**ir**lainda]
Italie	*Itália*	[i**tà**lia]
Pays-Bas	*Holanda*	[**o**lainda]
Québec	*Quebeque*	[que**bèque**]
Russie	*Rússia*	[**rou**ssia]
Suisse	*Suiça*	[**sou**issa]

Je suis...	*Sou...*	[sô]
Allemand/e	*Alemão/ã*	[alema-on/main]
Anglais/e	*Inglês/a*	[einglêch/lêza]
Américain/e	*Americano/a*	[amerikanou/a]
Australien/ne	*Australiano/a*	[auchtralianou/liana]
Autrichien/ne	*Austriaco/a*	[auchtriakou/a]
Belge	*Belga*	[bèlga]
Brésilien/ne	*Brasileiro/a*	[brasiléirou/a]
Canadien/ne	*Canadiano/a*	[kanadianou/a]
Espagnol/e	*Espanhol/a*	[espagnol/a]
Français/e	*Francés/esa*	[frainsséch/zesa]
Italien/ne	*Italiano/a*	[italiano/a]
Grec/que	*Grêgo/a*	[grégou/a]
Hollandais/e	*Holandês/a*	[olaindéch/déza]
Irlandais/e	*Irlandês/a*	[irlaindéch/déza]
Italien/ne	*Italiano/a*	[italianou/a]
Portugais/e	*Português/a*	[pourtouguéch/gueza]
Québécois/e	*Quebequense*	[quebèkeinse]
Suisse	*Suiço/a*	[souissou/a]

Renseignements généraux

FORMALITÉS D'ENTRÉE –
FORMALIDADES DE ENTRADA

l'ambassade	*a embaixada*	[a einbai**chada**]
bagages	*bagagens*	[baga**géinch**]
carte de tourisme	*cartão de turismo*	[car**ta**-on de tou**rich**mou]
citoyen	*cidadão*	[cida**da**-on]
le consulat	*o consulado*	[ou konsou**la**dou]
douane	*alfândega*	[al**fain**dega]
immigration	*imigração*	[imigra**ssa**-on]
passeport	*passaporte*	[passa**porte**]
sac	*saco*	[**sa**kou]
valise	*mala de viagem*	[**ma**la de **via**géin]
visa	*visa*	[**vi**za]

Votre passeport, s'il vous plaît.
Seu passaporte por favor.
[séou passa**porte** pour fa**vor**]

Combien de temps allez-vous séjourner au pays?
Quanto tempo vai ficar no país?
[**koupain**to tempo **vai** fi**kar** nou **paich**]

Trois jours	*Três dias*	[tréch **dia**ch]
Une semaine	*Uma semana*	[**ou**ma semana]
Un mois	*Um mês*	[oun **méch**]

Avez-vous un billet de retour?
Tem um bilhete de ida e volta?
[téin oun **bill**éte de **i**da i **vol**ta]

Quelle sera votre adresse dans le pays?
Qual é a sua morada no seu país?
[ko**ual** è a soua mou**rada** nou séou pa**ich**]

Voyagez-vous avec des enfants?
Viaja com crianças?
[vi**aja** kon **kriain**ssach]

Voici le consentement de sa mère (de son père).
Aqui está a autorização de sua mãe, de seu pai.
[a**kí** ech**tà** a **àou**touriza**ssa**-on de soua **ma**-on | de séou **pai**]

Je ne suis qu'en transit.
Estou em trânsito.
[ech**to** éin **train**sitou]

Je suis en voyage d'affaires.
Estou em viagem de negócios.
[ech**to** ein **via**géin de ne**go**ssiouch]

Je suis en voyage touristique.
Estou em viagem de turismo.
[ech**to** éin **via**géin de tou**rich**mou]

Pouvez-vous ouvrir votre sac, s'il vous plaît?
Pode abrir o seu saco por favor?
[**po**de ab**rir** ou seu **sak**ou pour fa**vor**]

Je n'ai rien à déclarer.
Não tenho nada a declarar.
[**na**-on **ta**gnou **na**da a dekla**rar**]

L'AÉROPORT – *O AEROPORTO*

autobus	*autocarro*	[aou**toka**rrou]
avion	*avião*	[a**via**-on]
bateau	*barco*	[**bar**kou]
taxi	*táxi*	[**tàk**ssi]
train	*trem, combóio*	[tr**éin**-kom**boi**ou]
voiture	*automóvel, carro*	[aoutou**mo**vèl | **ka**rrou]
voiture de location	*automóvel, carro para alugar*	[aoutou**mo**vèl | **ka**rrou | **pa**ra alou**gar**]
office de tourisme	*repartição de turismo*	[reparti**ssa**-on de tou**rich**mou]
renseignements touristiques	*informações turísticas*	[infourma**sson-ich** tou**rich**tikas]

J'ai perdu une valise.
Perdi uma mala.
[per**di** ouma **ma**la]

J'ai perdu mes bagages.
Perdi as minhas bagagens.
[per**di** ach **mi**gnach **ma**lach]

Je suis arrivé sur le vol n⁰... de...
Cheguei no vôo número... de...
[che**guéi** no **vôo nou**merou... de...]

Je n'ai pas encore eu mes bagages.
Ainda não recebi as minhas bagagens.
[**ain**da **na**-on rece**bi** as **mi**gnach ba**ga**géinch]

Y a-t-il un bus qui se rend au centre-ville?
Há um autocarro que vá para o centro da cidade?
[à uon aouto**ka**rrou ke **và** para o **sen**trou da ci**da**de]

Où le prend-on?
Onde é que se apanha?
[**on**de è ke se a**pa**gna]

Quel est le prix du billet?
Quanto custa o bilhete?
[**kouain**tou **kouch**ta ou **bil**léte]

Est-ce que ce bus va à ...?
Esse autocarro vai para ...?
[**é**sse aouto**ka**rrou vai para]

Combien de temps faut-il pour se rendre à l'aéroport?
Quanto tempo é necessário para chegar ao aeroporto?
[**kouain**tou **tèm**pou è nece**ssa**riou para che**gar** aou **aéroport**ou]

Combien de temps faut-il pour se rendre au centre-ville?
Quanto tempo é necessário para chegar ao centro da cidade?
[**kouain**tou **tem**pou à ne**ssa**riou para che**gar** aou **sen**trou da si**da**de]

Combien faut-il payer?
Quanto custa?
[**kouain**tou **kouch**ta]

Où prend-on le taxi?
Onde é que se apanha o táxi?
[**on**de è ke se a**pa**gna ou **tà**kssi]

Combien coûte le trajet pour ...?
Quanto custa o trajecto para ir para ...?
[**kouain**tou **kouch**ta ou tra**gè**tou para ir para]

Où peut-on louer une voiture?
Onde é que se pode alugar um carro?
[**on**de è ke se **po**de alou**gar** oun **ka**rrou]

Est-ce qu'on peut réserver une chambre d'hôtel depuis l'aéroport?
Pode-se reservar um quarto de hôtel desde o aeroporto?
[**po**de-se rezer**var** oun **kouar**tou de o**tèl dech**de ou aero**por**tou]

Y a-t-il un hôtel à l'aéroport?
Há um hôtel no aeroporto?
[**à** oun o**tèl** nou aero**por**tou]

Où peut-on changer de l'argent?
Onde é que se pode trocar dinheiro?
[**On**de è ke se **po**de trou**kar** di**gnéi**rou]

Où sont les bureaux de ...?
Onde são os serviços de ....?
[**on**de **sa**-on ous ser**vi**ssouch]

LES TRANSPORTS — *OS TRANSPORTES*

Les transports en commun – *Transportes colectivos*

bus	*autocarro*	[aouto**ka**rrou]
car	*camioneta*	[**ka**mioneta]
métro	*metro*	[**mè**trou]
train	*trem, combóio*	[**tré**in, kom**boi**ou]
air conditionné	*ar condicionado*	[**à**r kondicio**na**dou]
aller-retour	*ida e volta*	[**i**da i **vol**ta]
billet	*bilhete*	[bil**lé**te]
gare	*estação de combóio*	[echta**ssa**-on de kom**boi**ou]
place numérotée	*lugar numerado*	[lou**gar** noume**ra**dou]
siège réservé	*lugar marcado*	[lou**gar** mar**kà**dou]
terminal routier	*terminal, estação*	[termi**nàl** | echta**ssa**-on]
quai	*cais, plataforma*	[**kai**ch, plata**for**ma]
vidéo	*video*	[**vi**diou]
wagon-restaurant	*vagão restaurante*	[va**ga**-on rech**taou**rante]

Renseignements généraux

Où peut-on acheter les billets?
Onde é que se pode comprar os bilhetes?
[**on**de è ke se **po**de com**prar** ouch bill**é**tech]

Quel est le tarif pour ...?
Quanto custa o bilhete para ...?
[**kouain**tou **kouc**hta ou bill**é**te para]

Quel est l'horaire pour ...?
Qual é o harário para ...?
[ko**al** è ou or**à**riou para]

Y a-t-il un tarif pour enfants?
Há um preço para crianças?
[à oun **pre**ssou para **kriain**ssach]

À quelle heure part le train pour ...?
A que horas sai o combóio para ....?
[a ke **o**rach s**ai** ou kom**bo**ïou **pa**ra]

À quelle heure arrive le bus de ...?
A que horas chega a camioneta de ...?
[a ke **o**rach **che**ga a **ka**mioneta da]

Est-ce que le café est servi à bord?
Serve-se café a bordo?
[**sèr**ve-se café a **bor**dou]

52

Un repas léger est-il servi à bord?
Servem-se refeições ligeiras a bordo?
[**serv**éin-se reféis**son-ich** li**géi**rach a **bor**dou]

Le repas est-il inclus dans le prix du billet?
A refeição está incluída no preço do bilhete?
[a reféis**sa-on** ech**tà** in**klou**ida nou **pres**sou do bil**lé**te]

De quel quai part le train pour ...?
De que plataforma sai o comboio ...?
[de ke kou**al** plata**for**ma **sai** o kon**boï**ou]

Où met-on les bagages?
Onde pomos as bagagens?
[**on**de **po**mouch as ba**gà**géins]

Excusez-moi, vous occupez ma place.
Desculpe-me, o senhor/a está ocupando o meu lugar.
[**dech**coulpe-me ou seg**nor**/a ech**tà** okou**pain**dou o **mé**ou lou**gar**]

À quelle gare sommes-nous?
Em que estação estamos?
[**éin** ke echtas**sa-on** ech**ta**mouch]

Est-ce que le train s'arrête à ...?
O comboio vai parar em ...?
[ou kom**boï**ou vai pa**rar** **éin**]

Métro – *Metro*

Quelle est la station la plus proche?
Qual é a estação mais perto?
[kou**al** è a echtas**sa-on** **mai**ch **pèr**tou]

Combien coûte un billet?
Quanto custa um bilhete?
[**kouain**tou **kouch**ta ou bil**lè**te]

Y a-t-il des carnets de billets?
Há cadernetas de bilhetes?
[à kader**ne**tach de bil**lé**tech]

Y a-t-il des cartes pour la journée? pour la semaine?
Há cadernetas por um dia, ou uma semana?
[à kader**ne**tach pour uon **di**a, o ouma sem**a**na]

Quelle direction faut-il prendre pour aller à ...?
Que direcção se deve tomar para ir para ...?
[ke dire**ssa-on** se **dè**ve tou**mar pa**ra ir **pa**ra]

Est-ce qu'il faut prendre une correspondance?
Tem que se fazer uma transferência?
[téin ke fa**zer** ouma tranchfer**éin**cia]

Avez-vous un plan du métro?
Tem um mapa do metro?
[téin oun **ma**pa dou **mè**trou]

À quelle heure ferme le métro?
A que horas fecha o metro?
[a ke **ó**rach **fe**cha ou **mè**trou]

La conduite automobile – *O automóvel*

ici	*aqui*	[a**ki**]
là	*ali, lá*	[a**li**, là]
avancer	*avançar*	[avain**ssar**]
reculer	*recuar*	[rekou**ar**]
tout droit	*a direito*	[a di**réi**tou]
à gauche	*à equerda*	[à ech**ker**da]
à droite	*à direita*	[à di**réi**ta]
feux de circulation	*sinais de trânsito*	[sin**aich** de **train**zito]
feu rouge	*semáforo*	[se**ma**forou]
feu vert	*luz verde*	[louch **vér**de]
feu orangé	*luz amarela*	[louch amarela]
aux feux de circulation	*nos sinais de trânsito*	[nouch sin**aich** de **train**zitou]
carrefour	*esquina*	[ech**ki**na]
carrefour giratoire	*rotunda*	[routoun**da**]
sens unique	*sentido único*	[sen**ti**dou ou**ni**kou]
sens interdit	*sentido proibido, direcção proibida*	[sen**ti**dou prouï**bi**dou ǀ dire**ssa**-on-prouï**bi**da]
faites trois kilomètres	*faça três kilómetros*	[**fa**ssa **tréch** kilo**me**trouch]
la deuxième à droite	*a segunda à direita*	[a se**goun**da à di**réi**ta]
la première à gauche	*a primeira à esquerda*	[a pri**méi**ra à ech**kèr**da]

Renseignements généraux

l'autoroute	auto estrada	[**aou**to ech**tra**da
à péage	com portagem	kon pour**ta**géin]
route non revêtue	estrada	[ech**tra**da **na-on**
	não asfaltada	achfal**ta**da]
rue piétonne	rua reservada	[**rr**oua reser**va**da
	a peões	a pi-**onch**]

Location – *Aluguer*

Je voudrais louer une voiture.
Eu queria alugar um carro.
[éou ker**ia** alou**gar** oun **ka**rrou]

En avez-vous à transmission automatique?
Tem carros com transmissão automática?
[téin **ka**rrouch kon transmi**ssa**-on aoutou**matika**]

En avez-vous à embrayage manuel?
Tem carros com embraiagem manual?
[téin **ka**rrouch kon em**bréia**géin manou**al**]

Quel est le tarif pour une journée?
Qual é o preço por dia?
[kou**al** é ou **pressou** pour d**ia**]

Quel est le tarif pour une semaine?
Qual é o preço por semana?
[Kou**al** è ou **pre**ssou pour sem**ana**]

Est-ce que le kilométrage est inclus?
A kilometragem está incluida?
[A kiloume**tra**géin ech**tà** ein**kloui**da]

Combien coûte l'assurance?
Quanto custa o seguro?
[**kouain**tou **kouch**ta ou se**gou**rou]

Y a-t-il une franchise collision?
Há penalidade por acidente? Por choque?
[À penali**dade** pour aci**déin**te | Pour **cho**ke]

J'ai une réservation.
Tenho uma reserva.
[**Ta**gnou **ou**ma re**sèr**va]

J'ai un tarif confirmé par le siège social.
Tenho um preço confirmado pela companhia
[**Ta**gnou oun **pre**ssou konfir**ma**dou **pe**la kompa**gni**a]

Mécanique – *Mecânica*

antenne	*antena*	[**ain**tena]
antigel	*anticongelante*	[**anti**kongelainte]
avertisseur	*buzina*	[**bou**zina]
boîte à gants	*porta luvas*	[**por**ta louvach]
cassette	*cassete*	[ka**ssète**]
chauffage	*aquecimento*	[a**kè**ssimentou]
clé	*chave*	[**chà**ve]

clignotants	*pisca pisca*	[**pich**ka **pich**ka]
climatisation	*ar condicionado*	[ar kondissio**na**dou]
coffre	*porta bagagens*	[**por**ta baga**gèins**]
démarreur	*motor de arranque*	[mou**tor** de a**rrain**ke]
diesel	*diesel*	[**diè**sel]
eau	*água*	[**à**goua]
embrayage	*embreiagem*	[em**bréia**gein]
essence	*gasolina*	[gazou**li**na]
essence sans plomb	*gasolina sem chumbo*	[gazou**li**na séin **chum**bou]
essuie-glace	*limpa parabrisas*	[limpa**pa**rabrizach]
filtre à huile	*filtro de óleo*	[**fil**tro de **o**liou]
frein à main	*travão de mão*	[trava-on-**ou** de **ma**-on]
freins	*travões*	[trava**on**-ich]
fusibles	*fusíveis*	[fouzi**véich**]
glaces électriques	*cristais eléctricos*	[krista**ich** elé**tri**koùch]
huile	*óleo*	[**o**liou]
levier de changement de vitesse	*alavanca de velocidade*	[ala**vain**ka de velous**si**dade]
pare-brise	*parabrisas*	[para**brí**zach]
pare-chocs	*parachoques*	[para**cho**kech]
pédale	*pedal*	[pe**dal**]
phare	*farol, luz*	[fa**rol**	**louch**]
pneu	*pneu*	[**pné**ou]

portière avant (arrière)	*porta da frente porta de atrás*	[**por**ta da frente de **tra**ch]
radiateur	*radiador*	[radia**dor**]
radio	*radio*	[**ra**diou]
rétroviseur	*retrovisor*	[retro**vi**sor]
serrure	*fechadura*	[fecha**dou**ra]
siège	*assento*	[as**sén**tou]
témoin lumineux	*piloto*	[pi**lo**tou]
toit ouvrant	*tejadilho tecto de abrir*	[teja**dil**lou, **tè**tou de a**brir**]
ventilateur	*ventilador*	[venti**la**dor]
volant	*volante*	[**vou**lante]

◆ ◆ ◆

água	**eau**	[**a**goua]
alavanca de velocidade	**levier de changement de vitesse**	[ala**vain**ka de velous**si**dade]
antena	**antenne**	[ain**té**na]
anticongelante	**antigel**	[**ainti**kongelainte]
aquecimento	**chauffage**	[a**kè**ssimeintou]
ar condicionado	**climatisation**	[ar kon**di**ssionadou]
buzina	**avertisseur**	[**bou**zina]
cassete	**cassette**	[**ka**ssète]
chave	**clé**	[**cha**ve]

Renseignements généraux

cristais eléctricos	**glaces électriques**	[kristaich elèktrikouch]
diesel	**diesel**	[dièsel]
embreiagem	**embrayage**	[embréiàgein]
farol, luz	**phare**	[farol | louch]
fechadura	**serrure**	[fechadoura]
filtro de aceite	**filtre à huile**	[filtro de oliou]
fusíveis	**fusibles**	[fouzivéich]
gasolina sem chumbo	**essence sans plomb**	[gazoulina séin choumbou]
gasolina	**essence**	[gazoulina]
limpaparabrisas	**essuie-glace**	[limpaparabrizach]
motor de arranque	**démarreur**	[moutor de arrainke]
óleo	**huile**	[oliou]
parabrisa	**pare-brise**	[parabrisach]
parachoques	**pare-chocs**	[parachokech]
pedal	**pédale**	[pedal]
piloto	**témoin lumineux**	[pilotou]
pisca pisca	**clignotants**	[pichka pichka]
pneu	**pneu**	[pnéou]
porta bagagens	**coffre**	[porta bagagéinch]
porta da frente porta de atrás	**portière avant (arrière)**	[porta da freinte | porta de trach]
porta luvas	**boîte à gants**	[porta louvach]
radiador	**radiateur**	[radiador]
radio	**radio**	[radiou]

Renseignements généraux

retrovisor	**rétroviseur**	[retrovisor]
tejadilho, *tecto de abrir*	**toit ouvrant**	[tejadillou, tètou de abrir]
travão de mão	**frein à main**	[trava-on de ma-on]
travões	**freins**	[travon-ich]
ventilador	**ventilateur**	[ventilador]
volante	**volant**	[voulainte]

Faire le plein – *Atestar de gasolina, óleo*

Le plein, s'il vous plaît.
Ateste o depósito, por favor.
[atèchte ou depositou pour favor]

Mettez-en pour 50 euros.
Ateste por cinquenta euros.
[atèchte pour sinkouéinta éourouch]

Vérifier la pression des pneus.
Verificar a pressão dos pneus.
[verifikar a pressa-on douch pnéouch]

Acceptez-vous les cartes de crédit?
Aceita cartões de crédito?
[acéita carton-ich de krèditou]

Renseignements généraux

LA SANTÉ – *A SAÚDE*

hôpital	*hospital*	[ochpital]
pharmacie	*farmácia*	[farmassia]
médecin	*médico*	[mèdikou]
dentiste	*dentista*	[dentichta]

J'ai mal...	*Tenho dores...*	[tagnou dorech]
à l'abdomen	*no abdómen*	[nou abdomèn]
aux dents	*de dentes*	[de dentech]
au dos	*nas costas*	[nach kochtach]
à la gorge	*de garganta*	[de gargainta]
au pied	*no pé*	[nou pè]
à la tête	*de cabeça*	[de kabessa]
au ventre	*de barriga*	[de barriga]

Je suis constipé.	*Tenho prisão de ventre.*	[tagnou priza-on de véntre]
J'ai la diarrhée.	*Tenho diarréia.*	[tagnou diarréia]
Je fais de la fièvre.	*Tenho febre.*	[tagnou fèbre]
Mon enfant fait de la fièvre.	*Meu filho tem febre.*	[méou fillou téin fèbre]
J'ai la grippe.	*Tenho gripe.*	[tagnou gripe]

Je voudrais renouveler cette ordonnance.
Queria renovar esta receita.
[keria renouvar èchta resseita]

Avez-vous des médicaments contre le mal de tête?
O senhor / a senhora tem medicamentos para as dores de cabeça?
[ou se**gno**r, a se**gno**ra tèin medika**mén**touch para ach **do**rech de ka**bé**ssa]

Avez-vous des médicaments contre la grippe?
O senhor / a senhora tem medicamentos contra a gripe?
[Ou se**gno**r, a se**gno**ra tèin medika**mén**touch kontra a **gri**pe]

Je voudrais...	*queria*	[ke**ria**]
des préservatifs	*preservativos*	[preserva**ti**vouch]
de la crème solaire	*creme solar*	[**krè**me sou**lar**]
un insectifuge	*um anti-insectos*	[oun anti: ins**sè**touch]
un collyre	*um colírio*	[oun ko**li**riou]
du baume pour les piqûres d'insecte	*pomada para as picadelas de insectos*	[pou**ma**da para ach pika**dè**lach de in**sè**touch]
un médicament contre la malaria	*um medicamento contra a malária*	[oun me**di**kamentou kontra a ma**la**ria]
une solution nettoyante (mouillante) pour verres de contact souples (rigides)	*um loção para limpar lentes de contacto maleàvéis (rígidas)*	[ouma lou**ssa-on** para lim**par lén**tech de kon**ta**tou ma**lia**véich | **ri**gidach]

63

URGENCES – *URGÊNCIAS*

Au feu!	*Fogo!*	[**fo**gou]
Au secours!	*Socorro!*	[sou**ko**rrou]
Au voleur!	*É ladrão!*	[è la**dra-on**]
On m'a agressé.	*Agrediram-me.*	[agre**dira-on**-me]
On m'a volé.	*Roubaram-me.*	[ro**bara-on**-me]

Pouvez-vous appeler la police? l'ambulance?
O senhor / asenhora pode telefonar para a polícia? Para a ambulância?
[ou **se**gnor a **se**gnora **po**de telefou**nar** para a po**li**cia | ainboul**ain**cia]

Où est l'hôpital?
Onde é o hospital?
[**on**de é ou och**pi**tal]

Pouvez-vous me conduire à l'hôpital?
O senhor / a senhora pode-me levar ao hospital?
[ou se**gnor**, a **se**gnora **po**de le**var**-me àou och**pi**tal]

On a volé nos bagages dans la voiture.
Roubaram as nossas bagagens do carro.
[ro**ba**ra-on ach **no**ssach ba**ga**géins dou **ka**rrou]

On a volé mon portefeuille.
Roubaram-me a minha carteira.
[ro**ba**rainou-me a **mi**gna kar**téi**ra]

Ils avaient une arme.
Eles tinham uma arma.
[élech **ti**gain-ou **ou**ma **ar**ma]

Ils avaient un couteau.
Eles tinham uma faca.
[élech **ti**gnain-ou **ou**ma **fa**ka]

L'ARGENT – *O DINHEIRO*

| **banque** | *banco* | [**bain**kou] |
| **bureau de change** | *casa de câmbio* | [**ka**za de **kain**biou] |

Quel est le taux de change pour le dollar canadien?
Qual é o câmbio para o dólar canadiano?
[**Koual** é ou **kain**biou para ou **do**lar kana**dia**no]

dollar américain	*dólar americano*	[**do**lar ame**ri**kanou]
euro	*euro*	[**éou**rou]
franc suisse	*franco suiço*	[**frain**kou **soui**ssou]

Je voudrais changer des dollars américains (canadiens).
Queria trocar dólares americanos (canadianos).
[**ke**ria trou**kar do**larech ame**ri**kanouch | kana**dia**nouch]

Je voudrais encaisser des chèques de voyage.
Queria trocar cheques de viagem.
[**ke**ria trou**kar** **chè**quech de **via**géin]

Je voudrais obtenir une avance de fonds sur ma carte de crédit.
Queria um avanço no meu cartão de crédito.
[**Ke**ria oum a**vain**ssou no **mé**ou kar**ta**-on de **krè**ditou]

Où peut-on trouver un guichet automatique (un distributeur de billets)?
Onde se pode encontrar uma caixa automática?
[Onde se **po**de enkon**trar** ou**ma kai**cha aouto**ma**tika]

POSTE ET TÉLÉPHONE – *CORREIO E TELEFONE*

courrier rapide	*correio rápido*	[kour**ré**iou **ra**pidou]
par avion	*por avião*	[pour a**via**-on]
poids	*peso*	[**pe**zou]
timbres	*selos*	[**se**louch]

Où se trouve le bureau de poste?
Onde é o correio?
[**On**de è ou kour**ré**iou]

Combien coûte l'affranchissement d'une carte postale pour le Canada?
Quanto custa um selo para um postal para o Canadá?
[kou**ain**tou **kouch**ta oun **sé**lou para oun pouch**tal** para ou ka**na**da]

Combien coûte l'affranchissement d'une lettre pour le Canada?
Quanto custa um selo para uma carta para o Canadá?
[kouaintou kouchta oun sélou para ouma karta para ou kanada]

Où se trouve le bureau des téléphones?
Onde é o serviço de telefone?
[Onde è ou servissou de telephone]

Où se trouve la cabine téléphonique la plus près?
Onde está a cabina telefónica mais perto?
[Onde echtà a kabina telephonika maich pèrtou]

Que faut-il faire pour placer un appel local?
Como é que se faz uma chamada local?
[komo é ke se fàch ouma chamada loukal]

Que faut-il faire pour appeler au Canada?
Como é que se faz para telefonar para o Canadá?
[komo à ke se fach para telephounar para ou kanada]

Je voudrais acheter une carte de téléphone.
Queria comprar um cartão para telefonar.
[keria komprar oun karta-on para telephounar]

J'aimerais avoir de la monnaie pour téléphoner.
Gostaria de ter trocos para telefonar.
[goustaria de tér trakouch para telephounar]

Comment les appels sont-ils facturés à l'hôtel?
Como são facturadas as chamadas do hôtel?
[ka mo sa-on fatou ra dach ach cha ma dach dou otèl]

J'appelle Canada Direct, c'est un appel sans frais.
Telefono para o "Canada Direct" é uma chamada gratuita.
[tele pho no para ou kana da è ou ma cha ma da gra toui ta]

Je voudrais envoyer un fax.
Queria enviar um fax.
[ke ria en vi ar oun fax]

Avez-vous reçu un fax pour moi?
O senhor / a senhora recebeu um fax para mim?
[ou seg nor / a seg no ra resse bé ou oun fax pa ra min]

ÉLECTRICITÉ – *ELECTRICIDADE*

Où puis-je brancher mon rasoir?
Onde posso ligar a minha máquina de barbear?
[On de po ssou li gar a mig na ma kina de bar bi ar]

L'alimentation est-elle de 220 volts?
A corrente é de 220 voltos?
[a kou rrén te è de 220 vol touch]

La lampe ne fonctionne pas.
A lâmpada não funciona.
[a lain pada na-on foun ssi o na]

Où puis-je trouver des piles pour mon réveil-matin?
Onde é que posso comprar pilhas para o meu despertador?
[**On**de è ke **po**ssou kom**prar** pi**llach** para o méou dechperta**dor**]

Est-ce que je peux brancher mon ordinateur ici?
Posso ligar o meu computador aqui?
[**po**ssou li**gar** ou méou kom**pou**tador a**ki**]

Y a-t-il une prise téléphonique pour mon ordinateur?
Há uma tomada telefónica para o meu computador?
[À ouma tou**ma**da tele**pho**nika para o méou kom**pou**tador]

LA MÉTÉO – *O TEMPO*

la pluie	*a chuva*	[a **chou**va]
le soleil	*o sol*	[ou sol]
le vent	*o vento*	[o **ven**tou]
la neige	*a neve*	[a **nè**ve]
Il fait chaud.	*Está calor.*	[ech**ta** ka**lôr**]
Il fait froid.	*Está frio.*	[ech**ta friou**]
ensoleillé	*ensolarado*	[éinsosoula**ra**dou]
nuageux	*nublado*	[nnou**bla**dou]
pluvieux	*chuvoso*	[chou**vo**zou]
Est-ce qu'il pleut?	*Chove?*	[**cho**ve]
Va-t-il pleuvoir?	*Vai chover?*	[vai chou**ver**]
Prévoit-on de la pluie?	*Há probabilidades de chuva?*	[a proubabili**da**dech de **chou**va]

◆ ◆ ◆

a chuva	**la pluie**	[a **chou**va]
o sol	**le soleil**	[ou sol]
o vento	**le vent**	[ou **ven**tou]
a neve	**la neige**	[a **nè**ve]
Está calor.	**Il fait chaud.**	[echtà ka**lor**]
Está frio.	**Il fait froid.**	[echtà **fri**ou]
ensolarado	**ensoleillé**	[éinsola**ra**dou]
nublado	**nuageux**	[nou**bla**dou]
chuvoso	**pluvieux**	[chu**vo**zou]
Chove?	**Est-ce qu'il pleut?**	[**cho**ve]
Vai chover?	**Va-t-il pleuvoir?**	[**vai** chou**ver**]
Há probabilidades de chuva?	**Prévoit-on de la pluie?**	[à proubali**da**dech de **chou**va]

Quel temps fera-t-il aujourd'hui?
Que tempo fará hoje?
[ke **tém**pou fa**rà o**je]

Comme il fait beau!
Como está bom tempo!
[**ko**mou ech**ta** bon **tém**pou]

Comme il fait mauvais!
Que mau tempo!
[ke **ma**ou **tém**pou]

FÊTES ET FESTIVALS –
FESTIVIDADES E FESTIVAIS

le jour de Noël	*dia de Natal*	[**di**a de na**tal**]
le jour de l'An	*dia de ano novo*	[**a**nou **no**vou]
le jour des Rois	*dia de réis*	[**di**a de **réich**]
le Mardi gras	*terça-feira de carnaval*	[**ter**ssa-**féi**ra de karna**val**]
le mercredi des Cendres	*quarta-feira de cinzas*	[**kouar**ta **féi**ra de **sin**zach]
le Vendredi saint	*sexta-feira santa*	[**séich**ta-**féi**ra **sain**ta]
la Semaine sainte	*semana santa*	[se**ma**na **sain**ta]
le jour de Pâques	*dia de Páscoa*	[**di**a de **pàch**koua]
la fête des Mères	*o dia da mãe*	[ou **di**a da **ma**-in]
la fête des Pères	*o dia do pai*	[ou **di**a dou **pai**]
la Fête nationale	*a festa nacional*	[a **fèch**ta nassiou**nal**]
la fête du Travail	*a festa do trabalho*	[a **fèch**ta dou trabal**lou**]
la Saint-Jean-Baptiste	*dia de São João Baptista*	[ou **di**a de sa-on joua-**on** **Ba**tichta]
l'Action de grâce	*A acção de graças*	[a assa-on de **gràs**sach]
le jour de la Race	*O dia da raça*	[ou **di**a da **ras**sa]

Renseignements généraux

◆ ◆ ◆

dia de Natal	**le jour de Noël**	[**di**a de na**tal**]
dia de ano novo	**le jour de l'An**	[a**nou no**vou]
dia de Reis	**le jour des Rois**	[**di**a de **réich**]
Terça feira de carnaval	**le Mardi gras**	[**ter**ssa-**féi**ra de karna**val**]
Quarta feira de cinzas	**le mercredi des Cendres**	[**kouar**ta-**féi**ra de **sin**zach]
Domingo de Páscoa	**dimanche de Pâques**	[dou**min**gou de **pàch**koua]
Sexta feira santa	**le Vendredi saint**	[**séich**ta-**féi**ra **sain**ta]
O dia da Mãe	**la fête des Mères**	[ou **di**a da **ma**-in]
O dia do Pai	**la fête des Pères**	[ou **di**a dou **paï**]
A festa nacional	**la Fête nationale**	[a **fèch**ta nassiou**nal**]
A festa do trabalho	**la Fête du Travail**	[a **fèch**ta dou tra**ba**llou]
O dia de São João Baptista	**Le jour de Saint-Jean-Baptiste**	[oo **di**a de **Sa**-on joua-on **Ba**tichta]
Acçâo de graças	**Action de grâces**	[**assa**-on de **grà**ssach]
O dia da raça	**le jour de la Race**	[ou **di**a da **rà**ssa]

ATTRAITS TOURISTIQUES –
ATRACÇÕES TURÍSTICAS

la cascade	*a cascata*	[a kach**ka**ta]
la cathédrale	*a catedral*	[a kate**dral**]
le centre-ville	*o centro da cidade*	[ou **sen**trou da si**da**de]
le centre historique	*o centro histórico*	[ou **sen**trou ich**to**rikou]
la chute	*a queda de agua catarata*	[a **kè**da | de **à**goua | a kata**ra**ta]
l'édifice	*o edificio*	[ou idi**fi**ssiou]
l'église	*a igreja*	[a i**grè**ja]
la forteresse	*a fortaleza*	[a fourta**le**za]
le funiculaire	*o elevador*	[ou ileva**dor**]
l'hôtel de ville	*a câmara*	[a **ka**mara]
la fontaine	*a fonte*	[a **fon**te]
le fort	*o forte*	[ou **for**te]
le lac	*o lago*	[ou **la**gou]
la lagune	*a lagoa*	[a la**ga**a]
la maison	*a casa*	[a **ka**sa]
le manoir	*o solar*	[ou sou**lar**]
le marché	*o mercado*	[ou mer**ka**dou]

la marina	a marina	[a marina]
la mer	o mar	[ou mar]
le monastère	o mosteiro	[ou monachtéirou]
le monument	o monumento	[ou monouméntou]
le musée	o museu	[ou mouzéou]
le palais de justice	o tribunal de justiça	[ou tribounal de jouchtissa]
le parc	o parque	[ou parke]
le parc d'attractions	o parque de atracções	[ou parke de atrasson-ich]
la piscine	a piscina	[a pichina]
la place centrale	a praça central	[a prassa ssentral]
la plage	a praia	[a praia]
le pont	a ponte	[a ponte]
le port	o porto	[ou partou]
la promenade	o passeio	[ou passéiou]
la rivière	o rio	[ou rriou]
les ruines	as ruínas	[ach rrouinach]
le site archéologique	o centro arqueológico	[ou sentrou arkioulogikou]
le stade	o estádio	[ou echtadiou]
la statue	a estátua	[a echtatoua]
le téléférique	o teleférico	[ou teleferikou]
le temple	o templo	[ou témplou]
le théâtre	o teatro	[ou tiatrou]
le tunnel	o túnel	[ou tounèl]

le vieux centre	o centro antigo	[ou **sen**trou an**ti**gou]
le vieux port	o velho porto	[ou **vèl**lou **por**tou]
le zoo	o zoológico	[ou zou**lo**gikou]

a câmara	**l'hôtel de ville**	[a **ka**mara]
a catarata	**la chute**	[a kata**ra**ta]
o passeio	**la promenade**	[ou pas**séi**ou]
a casa	**la maison**	[a **ka**za]
a cascata	**la cascade**	[a kach**ka**ta]
o solar	**le manoir**	[ou sou**lar**]
a catedral	**la cathédrale**	[a kate**dral**]
o centro antigo	**le vieux centre**	[ou **sen**trou an**ti**gou]
o centro arqueológico	**le site archéologique**	[ou **ssen**trou arkiou**lo**giko]
o centro da cidade	**le centre-ville**	[ou **sen**trou da si**da**de]
o centro histórico	**le centre historique**	[ou **sen**trou ich**to**rikou]
o edifício	**l'édifice**	[ou idi**fi**ssiou]
o estádio	**le stade**	[ou ech**ta**diou]
a estátua	**la statue**	[a ech**ta**toua]
a fortaleza	**la forteresse**	[a four**ta**leza]
a fonte	**la fontaine**	[a **fon**te]
o forte	**le fort**	[ou **for**te]

Attraits touristiques

75

o elevador	**le funiculaire**	[ou ileva**dor**]
a igreja	**l'église**	[a ig**rè**ja]
o lago	**le lac**	[ou **la**gou]
a lagoa	**la lagune**	[a la**goa**]
a marina	**la marina**	[a ma**ri**na]
o mar	**la mer**	[ou m**ar**]
o mercado	**le marché**	[ou mer**ka**dou]
o mosteiro	**le monastère**	[ou mounach**téi**rou]
o monumento	**le monument**	[ou mounou**mén**tou]
o museo	**le musée**	[ou mou**zé**ou]
a queda de água	**la chute**	[a **kè**da de agoua]
o tribunal	**le palais de justice**	[ou tribou**nal** de jouch**ti**ssa]
o parque	**le parc**	[ou **par**ke]
o parque de atracções	**le parc d'attractions**	[ou **par**ke de atra**sso**nich]
a piscina	**la piscine**	[a pi**chi**na]
o passeio	**la promenade**	[ou pa**ssé**iou]
a praia	**la plage**	[a **pra**ia]
a praça central	**la place centrale**	[a **pra**ssa sen**tral**]
a ponte	**le pont**	[a **pon**te]
o porto	**le port**	[ou **por**tou]
a pirâmide	**la pyramide**	[a pi**ra**mide]
o rio	**la rivière**	[ou **ri**ou]
as ruínas	**les ruines**	[ach **rou**inach]
a queda de água	**la chute**	[a **kè**da de **a**goua]

Attraits touristiques

76

o treatro	**le théâtre**	[ou **tia**trou]
o teleférico	**le téléférique**	[ou telefèrikou]
o templo	**le temple**	[ou **tem**plou]
o túnel	**le tunnel**	[ou tounèl]
o velho porto	**le vieux port**	[ou **vèl**lou **por**tou]
o solar	**le manoir**	[ou sou**lar**]
o zoológico	**le zoo**	[ou zou**lo**gikou]

AU MUSÉE – *NO MUSEU*

anthropologie	*antropologia*	[antroupoulou**gia**]
antiquités	*antiguidadess*	[antigui**da**dech]
archéologie	*arqueología*	[arkioulo**gia**]
architecture	*arquitectura*	[arki**tè**toura]
art africain	*arte africana*	[**ar**te a**fri**kana]
art asiatique	*arte asiática*	[**ar**te **azia**tika]
art amérindien	*arte ameríndia*	[**ar**te amer**rin**dia]
art précolonial	*arte précolonial*	[**ar**te **prè**koulounial]
art colonial	*arte colonial*	[**ar**te kolo**nial**]
Art déco	*arte dêcô*	[**ar**te déko]
Art nouveau	*arte nova*	[**ar**te **no**va]
art contemporain	*arte contemporânea*	[**ar**te kontempo**rania**]
art moderne	*arte moderna*	[**ar**te mo**dèr**na]
arts décoratifs	*artes decorativas*	[**ar**tech dekora**ti**vach]

collection permanente	colecção permanente	[kolèssa-on permanénte]
colonisation	colonização	[kolonizassa-on]
exposition temporaire	exposição temporária	[echpozissa-on temporaria]
guerre de Sécession	guerra de Secessão	[guèrra de sessessa-on]
guerre d'Indépendance	guerra de Independência	[guèrra de independénsia]
guerres coloniales	guerras coloniais	[guèrra koulouniaich]
impressionnisme	impressionismo	[impressiounichmou]
Nordistes	Nordistas	[nordichtach]
peintures	pinturas	[pintourach]
période hispanique	período hispânico	[periouduo ichpanikou]
sciences naturelles	ciências naurais	[siénssiach natouràichs]
sculptures	esculturas	[echkoultourach]
Sudistes	Sudistas	[soudichtach]
urbanisme	urbanismo	[ourbanichmou]
XIXe siècle	século dezanove	[sèkoulou dezanòve]
XXe siècle	século vinte	[sèkoulou vinte]
XXIe siècle	século vinte e um	[sèkoulou vinte i oun]

antropologia	**anthropologie**	[antroupoulougia]
antiguidades	**antiquités**	[antigouidades]
arqueologia	**archéologie**	[arkioulougia]
arquitectura	**architecture**	[arkitètoura]
arte decó	**Art déco**	[arte déko]
arte africana	**art africain**	[arte afrikana]
arte ameríndia	**art amérindien**	[arte amerindia]
arte asiática	**art asiatique**	[arte aziatika]
arte colonial	**art colonial**	[arte koulonial]
arte contemporânea	**art contemporain**	[arte kontemporania]
arte moderna	**art moderne**	[arte moudèrna]
arte nova	**Art nouveau**	[arte nova]
arte précolonial	**art précolonial**	[arte prèkoulounial]
artes decorativas	**arts décoratifs**	[artech dekouratívach]
ciências naturais	**sciences naturelles**	[sienciach natouraíchs]
colecção permanente	**collection permanente**	[kolèssa-on permanente]
colonização	**colonisation**	[koulounizassa-on]
esculturas	**sculptures**	[echkoultourach]
expoição temporária	**exposition temporaire**	[echpozissa-on tempouraria]
guerra de Secessão	**guerre de Sécession**	[guèrra de sessessa-on]

Attraits touristiques

guerra de Independência	**guerre d'Indépendance**	[guèrra de independéncia]
guerras coloniais	**guerres coloniales**	[guèrrach koulonaichs]
impressionismo	**impressionnisme**	[impressiounichmou]
Nordistas	**Nordistes**	[nordichstach]
período hispânico	**période hispanique**	[periodo ichpaniko]
pinturas	**peintures**	[pintourach]
século desanove	**XIXe siècle**	[sèkoulo dezanove]
século vinte	**XXe siècle**	[sèkoulo vinte]
século vinte e um	**XXIe siècle**	[sèkoulo vinte i oun]
Sudistas	**Sudistes**	[soudichtach]
urbanismo	**urbanisme**	[ourbanichmo]

Où se trouve le centre-ville?
Onde é o centro da cidade?
[onde è o **sen**trou da si**da**de]

Où se trouve la vieille ville?
Onde é a cidade antiga?
[onde è a si**da**de ain**ti**ga]

Peut-on marcher jusque-là?
Pode-se ir a pé até lá?
[**po**de-se ir a pè a**tè** là]

Attraits touristiques

Quel est le meilleur chemin pour se rendre à ...?
Qual é o melhor caminho para chegar a ...?
[kouàl è o mellor kamignou para chegar a]

Quelle est la meilleure façon de se rendre à ...?
Qual é a melhor maneira de se chegar a ...?
[kouàl à a mellor manéira de se chegar a]

Combien de temps faut-il pour se rendre à ...?
Quanto tempo é preciso para chegar a ...?
[kouaintou tempo è pressizou para chegar a]

Où prend-on le bus pour le centre-ville?
Onde se apahna o autocarro para o centro da cidade?
[onde se apagna o aoutokarrou para ou sentrou da cidade]

Y a-t-il une station de métro près d'ici?
Há uma estação de metro perto daqui?
[à ouma echtassa-on de mètrou pèrtou daki]

Avez-vous un plan de la ville?
Tem um mapa da cidade?
[ou segnor a segnora téin oun mapa da cidade]

Je voudrais un plan avec index.
Queria um mapa com índice.
[keria oun mapa kon indice]

Attraits touristiques

Combien coûte l'entrée?
Quanto custa a entrada?
[**kouain**tou **kouch**ta a en**tra**da]

Y a-t-il un tarif étudiant?
Há um preço para estudante?
[à oun **pre**ssou para echtou**dain**tech]

Les enfants doivent-ils payer?
As crianças devem pagar?
[ach **kriain**ssach **dè**véin pa**gar**]

Quel est l'horaire du musée?
Qual é o horário do museu?
[koua**l** è o o**rà**riou do mu**zeou**]

Avez-vous de la documentation sur le musée?
Tem documentação sobre o museu?
[téin dokoumenta**ssa-on so**bre o mu**zeou**]

Est-il permis de prendre des photos?
Pode-se tirar fotos?
[**po**de-se ti**ràr fo**touch]

Où se trouve le vestiaire?
Onde é o vestiário?
[**on**de è ou vesti**à**riou]

Attraits touristiques

Y a-t-il un café?
Há um café?
[à oun ka**fè**]

Où se trouve le tableau de...?
Onde é que está o quadro de...?
[**on**de è ke ech**tà** o **koua**drou de]

À quelle heure ferme le musée?
A que horas fecha o meseu?
[a ke **ó**rach **fé**cha o mu**zéou**]

ACTIVITÉS DE PLEIN AIR –
ACTIVIDADES AO AR LIVRE

Où peut-on pratiquer…?
Onde se pode praticar, fazer…?
[Onde se **po**de prati**kàr**, fa**zér**]

ACTIVITÉS – *ACTIVIDADES*

l'équitation	*a equitação*	[a ekita**ssa-on**]
l'escalade	*a escalada*	[a eska**la**da]
le badminton	*o badmington*	[ou bad**min**gton]
le golf	*o golfe*	[ou **gol**fe]
la moto	*a moto*	[a **mo**tou]
la motomarine	*a motonáutica*	[a moto**nàou**tika]
la natation	*a natação*	[a nata**ssa-on**]
le parachutisme	*o pára quedismo*	[ou pàrake**dich**mou]
le parapente	*o parapente*	[ou para**pén**te]
la pêche	*a pesca*	[a **pèch**ka]
la pêche sportive	*a pesca desportiva*	[a **pèch**ka dech**pour**tiva]
la planche à voile	*a prancha de vela*	[a **prain**cha de **vè**la]
la plongée sous-marine	*o mergulho sub marino*	[ou mer**gou**llou soub ma**ri**nou]
la plongée-tuba	*submarinismo*	[soub mari**nich**mou]
le plongeon	*o mergulho*	[ou mer**gou**llou]
la randonnée pédestre	*a marcha*	[a **mar**cha]

le ski alpin	*o esqui de montanha*	[ou ech**kí** de mon**tag**na]
le ski de fond	*o esqui de fundo*	[ou es**ki** de **foun**dou]
le surf	*o surf*	[ou surf]
le tennis	*o ténis*	[ou **tè**nich]
le vélo	*a bicicleta*	[a bissi**klè**ta]
le vélo de montagne	*a bicicleta de montanha*	[la bissi**klè**ta de mon**tag**na]
le volley-ball	*o vólei*	[ou **vo**lei]
la voile	*a vela*	[a **ve**la]

MATÉRIEL - *MATERIAL*

la balle	*a bola*	[a **bo**la]
le ballon	*o balão*	[ou bala-**on**]
le bateau	*o barco*	[ou **bar**kou]
les bâtons	*os paus, as varas*	[ouch **paou**ch, ach **va**rach]
les bâtons de golf	*tacos de golfe*	[ouch **ta**kouch de **gol**fe]
la bicyclette	*a bicicleta*	[la bissi**klè**ta]
la bonbonne d'ogygène	*a bilha de oxigénio*	[a **bi**lla de (okssi**gè**niou)]
les bottines	*as botas*	[as **bo**tach]
la cabine	*a cabina*	[a ka**bi**na]
la canne à pêche	*a cana de pesca*	[a cana de **pèch**ka]
la chaise longue	*o canapé*	[ou cana**pè**]

le filet	*a rede*	[a **re**de]
le masque	*a máscara*	[a **màs**kara]
le matelas pneumatique	*o colchão peneumático*	[ou kolcha-on pnéou**mà**tikou]
les palmes	*as barbatanas*	[ach barba**ta**nach]
le parasol	*o chapéu de sol*	[ou cha**pè**ou de sol]
la planche à voile	*a prancha de vela*	[a **prain**cha de **vè**la]
la planche de surf	*a prancha de surf*	[a **prain**cha de surf]
la raquette	*a raquete*	[a ra**kè**te]
le rocher	*o rochedo*	[ou ro**che**dou]
le sable	*a areia*	[a a**ré**ia]
les skis	*os esquís*	[ouch ech**ki**ch]
le surveillant	*o vigilante*	[ou **vigi**lainte]
le voilier	*o veleiro*	[ou ve**léi**rou]

La mer – *o mar*

les courants	*as correntes*	[as kou**rén**tech]
les courants dangereux	*as correntes perigosas*	[as kou**rén**tech peri**go**zach]
la marée basse	*a maré baixa*	[a ma**rè** **bai**cha]
la marée haute	*a maré alta*	[a ma**rè** **al**ta]
mer calme	*mar calmo*	[màr **kal**mou]
mer agitée	*mar bravo*	[màr **bra**vou]

Plein air

87

COMMODITÉS

HÉBERGEMENT – *ALOJAMENTO*

balcon	*varanda*	[var**ain**da]
bar	*bar*	[bar]
bébé	*bebé*	[bè**bè**]
boutiques	*lojas*	[**lo**jach]
bruit	*ruído, barulho*	[**roui**dou | ba**roul**lou]
bruyant	*barulhento*	[baroul**lèn**tou]
la cafetière	*a cafeteira*	[a kafe**téi**ra]
calme	*calmo*	[**kal**mou]
chaîne française	*canal francês*	[ka**nal** frans**séch**]
chaise	*cadeira*	[ka**déi**ra]
chambre avec	*quarto com casa*	[**kouar**tou kon **ka**za de **ba**gnou]
salle de bain	*de banho*	
avec douche	*com duche*	[kon **dou**che]
avec baignoire	*com banheira*	[kon ba**gnéi**ra]
chambre pour une personne	*quarto para uma pessoa*	[**kouar**tou para ouma **pes**soa]
chambre pour deux personnes	*quarto para duas pessoas*	[**kouar**tou para douach **pes**soach]
le chauffage	*o aquecimento*	[ou a**kè**ssimentou]
la climatisation	*ar condicionado*	[ar kondissiou**na**dou]
le coffret de sûreté	*o cofre de segurança*	[ou **ko**fre de segou**rain**ssa]

le congélateur	o congelador	[kongela**dor**]
les couverts	o serviço	[ou ser**vi**ssou]
une couverture	uma manta	[ouma **main**ta]
un couvre-lit	uma colcha	[uma **kol**cha]
cuisinette	cozinha pequena	[kou**zi**gna pe**ke**na]
divan-lit	sofá cama	[so**fà ka**ma]
le drap	o lençol	[ou lens**sol**]
eau purifiée	água purificada	[**a**goua pourifi**ka**da]
enfant	criança	[**kria**inssa]
fenêtre	janela	[ja**nè**la]
le fer à repasser	o ferro de engomar	[ou **fè**rrou de engou**mar**]
le four à micro-ondes	micro ondas	[mi**cro on**dach]
de la glace	o gêlo	[ou **gé**lou]
l'hôtel-appartement (résidence hôtelière)	o hôtel apartamento (hôtel residêncial)	[o**tèl** aparta**men**tou | o**tèl** residéns**sial**]
intimité	intimidade	[intimi**da**de]
le lave-linge	máquina de lavar roupa	[a **mà**kina de la**var ro**pa]
le lave-vaisselle	máquina de lavar loiça	[**mà**kina de la**var** lo**ïs**sa]
lit deux places	cama de casal	[**ka**ma de ka**sal**]
lits jumeaux	camas separadas	[**ka**mach sepa**ra**dach]
la lumière	a luz	[a **lou**ch]

Commodités

90

minibar	*minibar*	[mini**bar**]
la nappe	*a toalha*	[a tou**alla**]
un oreiller	*uma almofada*	[ouma almou**fa**da]
piscine	*piscina*	[pi**chi**na]
la planche à repasser	*tábua de engomar*	[**tà**boua de engou**mar**]
la radio	*o radio*	[ou **ra**diou]
le réfrigérateur	*o frigorífico*	[ou frigo**ri**fikou]
restaurant	*restaurante*	[recht**aou**rante]
les rideaux	*as cortinas*	[ach kor**ti**nach]
du savon	*o sabão*	[ou sa**ba-on**]
sèche-cheveux	*secador de cabelo*	[seka**dor** de ka**be**lou]
une serviette	*uma toalha*	[ouma tou**alla**]
le store	*o estore*	[ou ech**to**re]
studio	*estúdio*	[es**tou**diou]
suite	*suite*	[**soui**te]
table	*mesa*	[**me**za]
une taie d'oreiller	*uma fronha*	[ouma **fro**gna]
télécopieur	*telecopiador*	[telekopia**dor**]
téléphone	*telefone*	[tele**fo**ne]
le téléviseur	*o televisor*	[o televi**sor**]
télévision	*televisão*	[televi**sa-on**]
le tire-bouchon	*o saca-rolhas*	[ou **saka rro**llas]
la vaisselle	*a loiça*	[a **loï**ssa]
le ventilateur	*o exaustor*	[ou ezaouch**tor**]

Commodités

91

vue sur la mer	*vista para o mar*	[**vich**ta para ou m**ar**]
vue sur la ville	*vista da cidade*	[**vich**ta da si**da**de]
vue sur la montagne	*vista para a montanha*	[**vich**ta para a mon**ta**gna]
Y a-t-il...	*Há?*	[Hà ?]
une piscine?	*uma piscina?*	[ouma pi**chi**na]
un gymnase?	*um ginásio?*	[oun gi**nà**ziou]
un court de tennis?	*um corte de ténis?*	[oun **cor**te de **tè**nich]
un terrain de golf?	*um terreno de golfe?*	[oun te**rre**no de **gol**fe]
une marina?	*uma marina?*	[ouma ma**ri**na]

Avez-vous une chambre libre pour cette nuit?
Ou senhor / a sehora, tem um quarto livre para esta noite?
[ou se**gnor,** a se**gno**ra téin oun **kouar**tou **li**vre para **èch**ta **noi**te]

Quel est le prix de la chambre?
Qual é o preço do quarto?
[**koual** é ou **pre**ssou do **kouar**tou]

La taxe est-elle comprise?
O imposto está incluído?
[ou in**poch**tou ech**tà** in**kloui**dou]

Nous voulons une chambre avec salle de bain.
Queremos um quarto com casa de banho.
[ke**ré**mouch oun **kouar**tou kon **ka**za de **ba**gnou]

Le petit déjeuner est-il compris?
O pequeno almoço está incluído?
[ou pe**ke**nou al**mo**ssou ech**tà** in**klou**idou]

Avez-vous des chambres moins chères?
O senhor / a senhora, tem quartos menos caros?
[Ou se**gno**r, a se**gno**ra, téin **kouar**touch **me**nouch **ka**rouch]

Pouvons-nous voir la chambre?
Podemos ver o quarto?
[po**dé**mouch ver o **kouar**tou]

Je la prends.
Fico com ele.
[**fi**kou kon **e**le]

J'ai une réservation au nom de...
Tenho uma reserva no nome de...
[**ta**gnou ouma re**ser**va nou **no**me de...]

On m'a confirmé le tarif de...
Confirmaram-me o preço de...
[konfirma**ra**-on me ou **pre**ssou de...]

Est-ce que vous acceptez les cartes de crédit?
O senhor / a senhora, ceita cartãao de crédito?
[ou se**gno**r, a se**gno**ra as**séi**ta kar**ta**-on de **krè**ditou]

Commodités

Est-il possible d'avoir une chambre plus calme?
É possível ter um quarto mais tranquilo?
[è possïvèl ter oun kouàrtou maïch trankouïlou]

Où pouvons-nous garer la voiture?
Onde podemos estacionar o carro?
[onde podemouch echtassiounar ou karrou]

Quelqu'un peut-il nous aider à monter nos bagages?
Alguém pode ajudar-nos a subir as malas?
[àlguéin pode ajoudar-nouch a soubir ach malasch]

À quelle heure devons-nous quitter la chambre?
A que horas devemos deixar o quarto?
[a ké orach devemouch déichar o kouartou]

Peut-on boire l'eau du robinet?
Pode-se beber água da torneira?
[pode-se bebér àgoua da tournéira]

De quelle heure à quelle heure le petit déjeuner est-il servi?
A que horas é servido o pequeno almoço?
[a ké òrach è servidou ou pekénou almossou]

Pourrions-nous changer de chambre?
Poderíamos mudar de quarto?
[pouderiamouch moudar de kouartou]

Nous voudrions une chambre avec vue sur la mer.
Queríamos um quarto com vista para o mar.
[ke**ria**mouch oun **kouar**tou kon **vich**ta para ou **mar**]

Est-ce que nous pouvons avoir deux clés?
Poderíamos ter as chaves?
[poude**ria**mouch ter ach **chà**vech]

De quelle heure à quelle heure la piscine est-elle ouverte?
De que horas a que horas é que a piscina está aberta?
[de ke **o**rach a ké **o**rach è ké a pi**chi**na ech**tà** a**bèr**ta]

Où pouvons-nous prendre des serviettes pour la piscine?
Onde é que podemos ir buscar as toalhas para a piscina?
[**on**de é ke po**de**mouch ir bouch**kar** as **toua**llach para a pi**chi**na]

Y a-t-il un service de bar à la piscine?
Há um serviço de bar na piscina?
[à oun ser**vi**ssou de **bàr** na pi**chi**na]

Quelles sont les heures d'ouverture du gymnase?
Quais são os horários do ginásio?
[**kouaich sa-on** ouch o**ra**riouch do gi**nà**ziou]

Y a-t-il un coffre-fort dans la chambre?
Há um cofre no quarto?
[à oun **ko**fre no **kouar**tou]

Commodités

Pouvez-vous me réveiller à ...?
O senhor / a senhora pode acordar-me às ...?
[ou se**gnor**, a se**gno**ra pode akour**dar**-me àch]

La climatisation ne fonctionne pas.
O ar condicionado não funciona.
[o àr kondissiou**na**dou **na-on** foun**ssio**na]

La cuvette des toilettes est bouchée.
A sanita está entupida.
[a sa**ni**ta ech**tà** entou**pi**da]

Il n'y a pas de lumière.
Não há luz.
[**na-on** à louch]

Puis-je avoir la clé du coffret de sûreté?
Pode dar-me a chave do cofre de segurança?
[**po**de **dar**-me a **cha**ve dou **ko**fre de segou**rain**ssa]

Le téléphone ne fonctionne pas.
O telefone não funciona.
[o tele**pho**ne **na-on** foun**ssio**na]

Avez-vous des messages pour moi?
O senhor / a senhora tem menssagens para mim?
[ou se**gnor**, a se**gno**ra téin men**ssa**géinch para m**in**]

Avez-vous reçu un fax pour moi?
O senhor / a senhora recebeu um fax para mim?
[ou se**gno**r, a se**gno**ra rece**beou** oun fax para m**in**]

Pouvez-vous nous appeler un taxi?
O senhor / a senhora pode charmar-nos um táxi?
[ou se**gno**r, a se**gno**ra **po**de cha**mar**nouch oun **tà**kssi]

Pouvez-vous nous appeler un taxi pour demain à 6h?
O senhor / a senhora, pode charmar-nos um táxi para amanhã às 6h?
[**po**de char**mar**nouch oun **tà**kssi para ama**gnain** àch 6h]

Nous partons maintenant.
Partimos agora.
[Par**ti**mouch a**go**ra]

Pouvez-vous dresser la facture?
O senhor / a senhora pode preparar a factura?
[Ou se**gno**r, a se**gno**ra **po**de prepa**rar** a **fa**toura, a **kon**ta]

Je crois qu'il y a une erreur sur la facture.
Creio que há um erro na factura, na conta.
[kr**éi**ou ke à oun **e**rrou na **fa**toura, na **kon**ta]

Pouvez-vous faire descendre nos bagages?
O senhor / a senhora poderia pedir para descerem as nossas bagagens?
[Ou se**gno**r, a se**gno**ra pode**ria** pe**dir** para dechce**réin** ach **no**ssach ba**ga**géinch]

Pouvez-vous garder nos bagages jusqu'à ...?
O senhor / a senhora pode guardar as nossas bagagens até ...?
[Ou se**gno**r, a se**gno**ra **po**de gouar**dar** ach **no**ssach ba**ga**géinch a**tè**...]

Merci pour tout, nous avons fait un excellent séjour chez vous.
Obrigada/o por tudo, foi uma óptima estadia em vossa casa.
[**ô**brigadou/a pour **tou**dou, **foï** ouma **o**tima echta**dia** em **vo**ssa **ka**sa]

Nous espérons revenir bientôt.
Esperamos voltar muito em breve.
[echpe**ra**mouch vol**tar** mou**in**tou éin **brè**ve]

RESTAURANT – *RESTAURANTE*

La cuisine portugaise est riche et variée. Nous y trouvons différentes viandes, des légumes, des fruits. Toutefois, le poisson et les fruits de mer occupent une place importante dans les recettes quotidiennes. Sans oublier une grande variété de desserts et de pâtisseries. Le Portugal produit d'excellents vins. Les plus reputés sont les vins rosés, les vins verts et surtout le porto.

La cuisine portugaise
A cozinha portuguesa
[a kou**zi**gna portou**guê**za]

Pouvez-vous nous recommander un restaurant?
O senhor / a senhora pode recomendar-nos um restaurante?
[ou se**gno**r, a se**gno**ra **po**de recomen**dar**nouch oun rech**tao**urante]

chinois	*chinês*	[chinéch]
français	*francés*	[fransséch]
indien	*indiano*	[indiano]
italien	*italiano*	[italiano]
japonais	*japonês*	[japonéch]
mexicain	*mexicano*	[mechikano]

Choisir une table – *Escolher uma mesa*

banquette	*bancada*	[bankada]
chaise	*cadeira*	[kadéira]
cuisine	*cozinha*	[kouzigna]
en haut	*em cima*	[éin sima]
en bas	*em baixo*	[éin baichou]
fenêtre	*fenêtre*	[janela]
près de la fenêtre	*perto da janela*	[pèrtou da janèla]
salle à manger	*sala de jantar*	[sala de jaintar]
terrasse	*varanda*	[varainda]
toilettes	*casa de banho*	[kaza de bagnou]
table	*mesa*	[meza]

Plats – *Pratos*

petit déjeuner	*pequeno-almoço*	[pekenou almossou]
déjeuner	*almoço*	[almossou]
dîner	*jantar*	[jantar]

Commodités

entrée	entrada	[entrada]
soupe	sopa	[sopa]
plat	prato	[pratou]
plat principal	prato principal	[pratou prinssipal]
plats végétariens	pratos vegetarianos	[pratouch vegetarianouchs]
riz		[arroch]
sandwich	sanduíche	[sandouiche]
pâtes	massas	[massach]
salade	salada	[salada]
fromage	queijo	[kéijou]
dessert	sobremesa	[sobremeza]
sur charbons de bois	forno de lenha	[fornou de legna]
émincé	cortado muito fino	[kortado mouintou finou]
au four	no forno	[no forno]
gratiné	gratinado	[gratinadou]
sur le gril	na grelha	[na grella]
pané	panado	[panadou]
à la poêle	na frigideira	[na frigidéira]
rôti	assado	[assadou]

Boissons – *Bebidas*

café	*café, bica*	[kafè, bika]
café avec du lait	*café com leite*	[kafé kon léite]
coca	*coka*	[koka]
crème	*nata*	[nata]
eau minérale	*água mineral sem gaz*	[agoua mineral séin gach]
eau minérale pétillante	*água mineral com gaz*	[agoua mineral kon gach]
eau purifiée	*água purificada*	[àgoua pourifikada]
espresso	*bica*	[bika]
jus	*sumo*	[soumou]
jus d'orange	*sumo de laranja*	[soumou de larainja]
lait	*leite*	[léite]
sucre	*açucar*	[assoukar]
thé	*chá*	[chà]
tisane	*tisana*	[tisana]

Boissons alcoolisées – *Licores*

apéritif	*aperitivo*	[aperitivou]
bière	*cerveja*	[serveja]
carte des vins	*carta de vinhos*	[karta de vignouch]
digestif	*digestivo*	[digechtivou]
vin	*vinho*	[vignou]
vin blanc	*vinho branco*	[vignou braincou]

Commodités

101

vin maison	*vinho da casa*	[**vi**gnou da **ka**za]
vin vert	*vinho verde*	[**vi**gnou **ve**rde]
vin rouge	*vinho tinto*	[**vi**gnou **tin**tou]
vin du pays	*vinho do país*	[**vi**gnou do **pa**ich]
vin rosé	*vinho rosê*	[**vi**gnou rosé]
vin de porto	*vinho do porto*	[**vi**gnou do **po**rtou]
eau-de-vie	*águardente*	[agouar**dén**te]
bouteille	*garrafa*	[ga**rra**fa]
demi-bouteille	*meia-garrafa*	[**méia** ga**rra**fa]
un demi	*meio*	[**méi**ou]
un quart	*um quarto*	[oun **kouar**tou]
vin sec	*vinho seco*	[**vi**gnou **se**kou]
doux	*suave*	[sou**ave**]
mousseux	*espumante*	[espou**main**te]
avec glaçons	*com gêlo*	[kon **gé**lou]
sans glaçons	*sem gêlo*	[séin **gé**lou]

Couverts – *Seriço de mesa*

l'assiette	*o prato*	[o **pra**tou]
le cendrier	*o cinzeiro*	[ou cin**zéi**rou]
le couteau	*o quarto*	[ou **kouar**tou]
la cuillère	*a colher*	[a coul**lèr**]
la fourchette	*o garfo*	[ou **gar**fou]
le menu	*o menu*	[ou **ma**nou]

Commodités

la serviette de table	*a toalha*	[a **toua**lla]
la soucoupe	*o pires*	[ou **pi**rech]
la tasse	*a chávena*	[a **cha**vena]
le verre	*o copo*	[ou **ko**pou]

Je voudrais faire une réservation pour deux personnes vers 20 heures.
Queria fazer uma reserva para duas pessoas às 20h.
[ke**ri**a fa**zer** ouma re**sèr**va para dou**ach** pe**sso**ach àch 20h]

Est-ce que vous aurez de la place plus tard?
O senhor / a senhora tem uma mesa livre mais tarde?
[ou se**gno**r, a se**gno**ra téin ouma **me**za **li**vre **mai**ch **tar**de]

Je voudrais réserver pour demain soir.
Queria reservar para amanhã à noite.
[ke**ri**a reser**var** para ama**gnain** à **noï**te]

Quelles sont les heures d'ouverture du restaurant?
Quais são os horários do restaurante?
[**koua**ich sa-**on** ouch o**ra**riouch do recht**aou**rainte]

Acceptez-vous les cartes de crédit?
O senhor / a senhora aceita cartões de crédito?
[ou se**gno**r, a se**gno**ra a **ssé**ita kar**ton-ich** de **krè**ditou]

J'aimerais voir le menu.
Gostaría de ver o menu.
[gousta**ri**a de ver ou **me**nou]

Je voudrais une table sur la terrasse.
Queria uma mesa na varanda.
[keria ouma **me**za na var**ain**da]

Pouvons-nous simplement prendre un verre?
Podemos tomar só uma bebida?
[po**de**mouch tou**mar** so ouma be**bi**da]

Pouvons-nous simplement prendre un café?
Podemos só tomar café?
[po**de**mouch so tou**mar** ka**fè**]

Je suis végétarien (ne).
Sou vegetariano/a.
[so vegeta**ria**nou | a]

Je ne mange pas de porc.
Não como porco.
[**na-on ko**mou **por**kou]

Je suis allergique aux noix (aux arachides).
Sou alérgico às nozes e aos amendoins.
[so al**èr**gikou: **à**ch **no**zech i aouch amendou**ïnch**]

Je suis allergique aux œufs.
Sou alérgico aos ovos.
[so al**èr**gikou **à**ouch **o**vouch]

Servez-vous du vin au verre?
Posso tomar só um copo de vinho?
[**po**ssou tou**mar** so oun **ko**pou de **vi**gnou]

Nous n'avons pas eu...
Não tivemos...
[**na**-on ti**vè**mouch...]

J'ai demandé...
Pedi...
[per**di**...]

C'est froid.
Está frio.
[ech**tà fri**ou]

C'est trop salé.
Está muito salgado.
[ech**tà** mou**in**tou sal**ga**dou]

Ce n'est pas frais.
Não está fresco.
[**na**-on ech**tà frech**kou]

L'addition, s'il vous plaît.
A conta, por favor.
[a **kon**ta pour fa**vor**]

Le service est-il compris?
A gorgeta está incluida?
[a gorgeta echtà inklouida]

Merci, ce fut un excellent repas.
Obrigado/a foi uma excelente refeição.
[obrigadou/a foi ouma echcelénte reféissa-on]

Merci, nous avons passé une très agréable soirée.
Origado/a passamos uma excelente noite.
[obrigadou/a passamouch ouma echcelénte noïte]

Le goût – *o sabor*

amer	*amargo*	[amargou]
doux	*doce*	[dosse]
épicé	*picante, condimentado*	[pikainte | kondimentadou]
fade	*sem sabor*	[séin sabor]
piquant	*picante*	[pikainte]
poivré	*apimentado*	[apimentadou]
salé	*salgado*	[salgadou]
sucré	*açucarado*	[assukaradou]

◆ ◆ ◆

amargo	**amer**	[amargou]
condimentado	**épicé**	[kondimentadou]
açucarado	**sucré**	[assukaradou]

picante	**piquant**	[pi**kain**te]
apimentado	**poivré**	[apimen**ta**dou]
salgado	**salé**	[sal**ga**dou]
sem sabor	**fade**	[séin sa**bor**]
doce	**doux**	[**do**sse]

Épices, herbes et condiments – *Especiarias, ervas e condimentos*

basilic	*manjericão*	[menjeri**ka-on**]
beurre	*manteiga*	[men**téi**ga]
cannelle	*canela*	[ka**nè**la]
coriandre	*coentros*	[kou**en**trouch]
curry	*caril*	[ka**ril**]
épice	*condimento, especiaria*	[kondi**men**tou | espessia**rïa**]
épicé	*picante, condimentado/a*	[pi**kain**te | kondimen**ta**dou/a]
gingembre	*gengibre*	[jen**ji**bre]
menthe	*hortelã pimenta*	[orte**lain -pimenta**]
moutarde douce	*mostarda doce*	[mouch**tar**da **do**sse]
moutarde forte	*mostarda forte picante*	[mouch**tar**da **for**te | pi**kain**te]
muscade	*noz de moscada*	[**no**ch de mouch**ka**da]
oseille	*azedo*	[a**ze**dou]
pain	*pão*	[**pa-on**]
poivre	*pimenta*	[pi**mén**ta]

Commodités

107

poivre rose	*pimenta vermelha*	[pi**mén**ta ver**me**lla]
romarin	*rosmaninho*	[roch**ma**ni**gnou**]
sauce	*molho*	[**mo**llou]
sauce piquante	*molho picante*	[**mo**llou pi**kain**te]
sauce soya	*molho de soja*	[**mo**llou de **so**ja]
sauge	*salva*	[**sal**va]
sel	*sal*	[**sal**]
thym	*tomilho*	[to**mi**llou]
vinaigre	*vinagre*	[vi**na**gre]

◆ ◆ ◆

azedo	**oseille**	[a**ze**dou]
canela	**cannelle**	[ka**nè**la]
coentro	**coriandre**	[kou**en**trou │
caril	**curry**	[ka**ril**]
manjericão	**basilic**	[menjeri**ka-on**]
gengibre	**gingembre**	[jen**gi**bre]
hortelã pimenta	**menthe**	[orte**lain** pi**men**ta]
mostarda doce	**moutarde douce**	[mouch**tar**da sou**ave**]
mostarda forte, picante	**moutarde forte**	[mouch**tar**da **for**te │ pi**kain**te]
noz de moscada	**muscade**	[mouch**ka**da]
pimenta	**poivre**	[pi**mén**ta]
pimenta vermelha	**poivre rose**	[pi**mén**ta ver**me**lla]
rosmaninho	**romarin**	[rouch**ma**ni**gnou**]

molho picante	**sauce piquante**	[**mo**llou pi**kain**te]
molho de soja	**sauce soya**	[**mo**llou de **so**ja]
salva	**sauge**	[**sal**va]
tomilho	**thym**	[to**mi**llou]
vinagre	**vinaigre**	[vi**na**gre]

Petit déjeuner – *Pequeno almoço*

café	*café*	[ka**fè**]
confiture	*compota, dôce*	[kon**po**ta | **dô**sse]
crêpes	*crepes, panquecas*	[**krè**pechs | pan**ke**kach]
croissant	*croissant*	[**kroi**ssaint]
fromage	*queijo*	[**kéi**jou]
fruits	*frutas*	[**frou**tach]
jus	*sumo*	[**sou**mou]
marmelade	*marmelada*	[marme**la**da]
musli	*granola*	[gra**no**la]
œufs	*ovos*	[**o**vouch]
omelette	*omelete*	[ome**lè**te]
pain	*pão*	[**pa**-on]
pain de blé entier	*pão de trigo, pão integral*	[**pa**-on de **tri**gou | **pa**-on ïnte**gral**]
pain doré	*fatia dourada*	[**fa**tia do**ra**da]
toasts	*torradas*	[to**rra**dach]

109

Commodités

| viennoiserie | *pão de leite* | [**pa-on** de **léite**] |
| **yaourt** | *iogurte* | [io**gour**te] |

◆ ◆ ◆

café	**café**	[ka**fè**]
compota, doce	**confiture**	[kom**po**ta, **dô**sse]
crepes, panquecas	**crêpes**	[**crè**pech, painn**ke**kach]
croissant	**croissant**	[**kroi**ssaint]
fatia dourada	**pain doré**	[fa**tia** do**ra**da]
frutas	**fruits**	[**frou**tach]
granola	**musli**	[gra**no**la]
iogurte	**yaourt**	[io**gour**te]
marmelada	**marmelade**	[marme**là**da]
ovos	**œufs**	[**o**vouch]
pão (de leite)	**viennoiserie**	[**pa-on** de **léite**]
pão de trigo *pão integral*	**pain de** **blé entier**	[**pa-on** de **tri**gou | **pa**-on ïn**te**gral]
pão	**pain**	[**pa-on**]
queijo fresco	**fromage frais** (fromage blanc)	[**kéi**jou **fre**chkou]
queijo	**fromage**	[**kéi**jou]
sumo	**jus**	[**sou**mou]
torradas	**toasts**	[tou**rra**dach]

Commodités

Fruits – *Frutas*

abricot	*damasco*	[da**ma**chcou]
ananas	*ananas*	[ana**nach**]
arachide	*amendoim*	[amen**douïn**]
banane	*banana*	[ba**na**na]
cerise	*cereja*	[se**re**ja]
citron	*limão*	[**li**ma-on]
citrouille (potiron)	*abóbora, calabaça*	[a**bo**bora, kala**ba**ssa]
clémentine	*clementina*	[clemen**ti**na]
coco	*côco*	[**ko**kou]
figues	*figos*	[**fi**gouch]
fraise	*morango*	[mou**rain**gou]
framboise	*framboesa*	[frainbou**ezach**]
fruit de la passion	*maracujá*	[mourakou**jà**]
goyave	*goiaba*	[**goi**aba]
kiwi	*kibi*	[**ki**bi]
lime	*lima*	[**li**ma]
mandarine	*mandarina*	[manda**ri**na]
mangue	*manga*	[**main**ga]
melon	*melão*	[me**la**-on]
mûr (e)	*maduro/a*	[ma**dou**rou | a]
mûre	*amora*	[a**mo**ra]
nèfles	*nêsperas*	[**nech**perach]
noix	*nozes*	[**no**zech]
orange	*laranja*	[la**rain**ja]

pamplemousse	*toranja*	[to**rain**ja]
papaye	*papaia, mamão*	[pa**pai**a, ma**ma**-on]
pastèque	*melancia*	[melan**ssi**a]
pêche	*pêssego*	[**pé**ssegou]
plantain	*plátano*	[**plà**tanou]
poire	*pêra*	[**pé**ra]
pomelo	*toranja grande*	[to**rain**ja **grain**de]
pomme	*maçã*	[ma**ssain**]
prune	*ameixa*	[a**mei**cha]
raisin	*uva*	[**ou**va]
raisins secs	*passas*	[**pa**ssach]
tangerine	*tangerina*	[tainje**ri**na]
vert (e)	*verde*	[**ver**de]

◆ ◆ ◆

abóbora	**citrouille**	[a**bo**bora]
ameixa	**prune**	[a**méi**cha]
amendoim	**arachide**	[amen**douï**n]
ananas	**ananas**	[ana**nach**]
banana	**banane**	[ba**na**na]
calabaça	**potiron**	[kala**ba**ssa]
cereja	**cerise**	[se**re**ja]
clementina	**clémentine**	[clemen**ti**na]
côco	**coco**	[**ko**kou]
figos	**figues**	[**fi**gouch]

Commodités

frambuesa	**framboise**	[frenbou**ezach**]
goiaba	**goyave**	[**goia**ba]
kibi	**kiwi**	[**k**ibi]
laranja	**orange**	[la**rain**ja]
lima	**lime**	[**l**ima]
limão	**citron**	[**l**ima-on]
maduro/a	**mûr(e)**	[ma**dou**rou	a]
mamão	**papaye**	[ma**ma**-on]
manga	**mangue**	[**main**ga]
manzana	**pomme**	[ma**ssain**]
maracujá	**fruit de la passion**	[marakou**jà**]
melancia	**pastèque**	[melain**ssia**]
melão	**melon**	[me**la**-on]
morangos	**fraise**	[mo**rain**gouch]
nêsperas	**nèfles**	[**né**chperach]
nozes	**noix**	[**no**zech]
papaia	**papaye**	[pa**pai**a]
passas	**raisins secs**	[**pa**ssach]
pera	**poire**	[**pe**ra]
pêssego	**pêche**	[**pé**ssegou]
plátano	**plantain**	[**pla**tanou]
tangerina	**tangerine**	[tainje**ri**na]
toronja	**pamplemousse**	[tou**rain**ja]
uva	**raisin**	[**ou**va]
verde	**vert**	[**ver**de]

Commodités

Légumes – *Verduras*

ail	*alho*	[allou]
asperges	*espargos*	[echpargouch]
aubergines	*berinjelas*	[berinjèlach]
avocat	*abacate*	[abakate]
brocoli	*brócolos*	[brocoulouch]
carotte	*cenoura*	[senora]
céleri	*aipo*	[aipou]
champignon	*cogumelo*	[kogoumèlou]
chou	*couve, repolho*	[kove | repollou]
chou-fleur	*couve flor*	[kove flor]
chou de Bruxelles	*couve de Bruxelas*	[kove de brouchèlach]
concombre	*pepino*	[pepinou]
courge	*abóbora*	[aboboura]
courgette	*abóbrinha*	[abobrigna]
cresson	*agrião*	[agria-on]
épinards	*espinafres*	[espinafrech]
fenouil	*funcho*	[founchou]
haricots	*feijões*	[féijon-ich]
laitue	*alface*	[alfasse]
maïs	*milho*	[millou]
navet	*nabo*	[nabou]
oignon	*cebola*	[sebola]
piment	*piri piri*	[piri piri]
poireau	*alho porro*	[allo porrou]
pois	*ervilhas*	[ervillach]
pois chiche	*grão*	[gra-on]

poivron	*pimento*	[pi**men**tou]
pommes de terre	*batatas*	[ba**ta**tach]
radis	*rabanetes*	[raba**ne**tech]
rapini	*grêlos*	[**gré**louch]
tomate	*tomate*	[to**ma**te]

◆ ◆ ◆

abacate	**avocat**	[aba**ka**te]
abóbora	**citrouille**	[abo**bou**ra]
agrião	**cresson**	[agria-**on**]
aipo	**céleri**	[**ai**pou]
alface	**laitue**	[**al**fasse]
albo pôrro	**poireau**	[**al**lou **por**rou]
albo	**ail**	[**al**lou]
batatas	**pommes de terre**	[ba**ta**tach]
berinjelas	**aubergines**	[berin**jè**lach]
brócolos	**brocoli**	[**bro**koulou]
calabaça,	**potiron**	[kala**ba**ssa]
cebola	**oignon**	[se**bo**la]
cenoura	**carotte**	[se**no**ra]
cogumelo	**champignon**	[cougou**me**lou]
cogumelo	**champignon**	[kougu**mè**lou]
couve de Bruxelas	**chou de Bruxelles**	[**ko**ve de brou**chè**lach]
couve flor	**chou-fleur**	[**ko**ve **flor**]

Commodités

couve	**chou**	[kove]
ervilhas	**pois**	[ervillach]
espargos	**asperges**	[echpargouch]
espinafres	**épinards**	[espinafrech]
feijões	**haricots**	[féijon-ich]
funcho	**fenouil**	[founchou]
grão	**pois chiche**	[gra-on]
milho	**maïs**	[millou]
nabo	**navet**	[nabou]
palmito	**cœur de palmier**	[palmitou]
pepino	**concombre**	[pepinou]
pimento	**poivron**	[pimentou]
piripiri	**piment**	[piri piri]
rabanetes	**radis**	[rabanetech]
repolho, couve	**chou**	[repollou kove]
tomate	**tomate**	[tomate]

Viandes – *Carnes*

à point (médium)	*mal passado*	[mal passado]
	médio	[mèdiou]
agneau	*cordeiro*	[kordeirou]
bien cuit	*bem passado,*	[béin passadou]
	bem cozido	[béin kouzidou]
bifteck	*bife*	[bife]
bœuf	*vaca*	[vaka]

Commodités

116

boudin	*morcela*	[mor**sse**la]
boulette	*almôndegas*	[al**mon**degach]
brochette	*espetada*	[ech**pe**tada]
caille	*codorniz*	[koudour**nich**]
canard	*pato*	[**pa**tou]
cervelle	*miolos*	[**mio**llouch]
chèvre	*cabra*	[**ka**bra]
chevreau	*cabrito*	[ka**bri**tou]
côtelette	*costeleta*	[koste**le**ta]
cru	*cru*	[krou]
cubes	*cubos*	[**kou**bouch]
cuisse	*côxa*	[**kô**cha]
dinde	*perú*	[pe**rou**]
entrecôte	*entrecosto*	[entre**koch**tou]
escalope	*escalope*	[echka**lo**pe]
farci	*recheado*	[re**chia**dou]
filet	*filete*	[fi**lè**te]
foie	*fígado*	[**fi**gadou]
fumé	*fumado*	[fou**ma**dou]
grillade	*assado*	[a**ssa**dou]
haché	*picado/a*	[pi**ka**dou/a]
jambon	*fiambre*	[**fiain**bre]
jarret	*patas, curva*	[**pa**tach | **kour**va]
langue	*lingua*	[**lin**goua]
lapin	*coelho*	[kou**ell**ou]

117

lièvre	*lebre*	[**lè**bre]
magret	*filete de pato*	[fil**è**te de **pa**tou]
oie	*ganso*	[**gain**ssou]
pattes	*patas*	[**pa**tach]
perdrix	*perdiz*	[per**dich**]
poitrine	*peito*	[**péi**tou]
porc	*porco, leitão*	[**por**kou | **léi**ta-**on**]
poulet	*frango*	[**frain**gou]
rognons	*rins*	[**rin**ch]
rosé	*rosado*	[ro**za**dou]
saignant	*mal passado*	[**mal** pas**sa**dou]
sanglier	*javali*	[java**li**]
saucisse	*salsicha, chouriço*	[sal**ssi**cha cho**ri**ssou]
tartare	*tártaro*	[**tàr**tarou]
tranche	*cortado*	[kour**ta**dou]
tripes	*tripas*	[**tri**pach]
veau	*vitela*	[vi**tè**la]
viande	*carne*	[**kar**ne]
volaille	*aves*	[**a**vech]

◆ ◆ ◆

almôndegas	**boulette**	[al**mon**degach]
bife	**bifteck**	[**bi**fe]
boi	**bœuf**	[bo**ï**]

cabra	**chèvre**	[**ka**bra]
cabrito	**chevreau**	[ka**bri**tou]
codorniz	**caille**	[kodor**nich**]
coelho	**lapin**	[kouellou]
cordeiro	**agneau**	[kor**déi**rou]
cortado	**tranche**	[kour**ta**dou]
costeleta	**côtelette**	[kouchtele**ta**]
côxa	**cuisse**	[**ko**cha]
cru	**cru**	[krou]
cubos	**cubes**	[**kou**bouch]
entrecosto	**entrecôte**	[entre**ko**chtou]
escalope	**escalope**	[echkalope]
espetadas	**brochette**	[echpe**ta**dach]
fiambre	**jambon**	[**fiam**bre]
figado	**foie**	[**fi**gado]
filete de pato	**magret**	[fi**lè**te de **pa**tou]
filete	**filet**	[fi**lè**te]
frango	**poulet**	[**frain**gou]
fumado	**fumé**	[fou**ma**dou]
ganso	**oie**	[**gain**sou]
grelhado	**grillade**	[**grella**dou]
javali	**sanglier**	[**ja**vali]
lebre	**lièvre**	[**lè**bre]
lingua	**langue**	[**lïn**goua]
miolos	**cervelle**	[**mio**louch]

119

morcela	**boudin**	[mour**sse**la]
pata	**patte**	[**pa**ta]
patas	**pattes**	[**pa**tach]
pato	**canard**	[**pà**tou]
peito	**poitrine**	[**péi**tou]
perdiz	**perdrix**	[per**dich**]
perú	**dinde**	[pe**rou**]
picado/a	**haché** **tranché**	[pika**dou**, kour**ta**dou]
porco	**porc**	[**por**kou]
recheado	**farci**	[re**chia**dou]
rins	**rognons**	[**ri**nch]
tártaro	**tartare**	[**tar**tarou]
tripas	**tripes**	[**tri***pach]*
vaca	**bœuf**	[**va**ka]
vitela	**veau**	[vi**tè**la]

Poissons et fruits de mer – *Peixes e mariscos*

anchois	*anchovas*	[ain**cho**vach]
anguille	*enguia*	[**én**guïa]
calmar	*lulas*	[**lou**lach]
chinchard	*carapau*	[kara**paou**]
colin	*pescada*	[pech**ka**da]
crabe	*caranguejo*	[karan**gué**jou]
crabes	*caranguejos*	[karain**gue**jouch]

Commodités

crevettes	*camarões*	[kamar**on**-ich]
darne	*posta*	[**po**chta]
escargot	*caracol*	[kara**kol**]
espadon	*peixe espada*	[**péi**che ech**pa**da]
filet	*filete*	[fi**lè**te]
hareng	*arenque*	[a**rén**ke]
homard	*lagosta*	[la**go**chta]
huîtres	*ostras*	[**och**tra]
langoustine	*lagostim*	[langouch**tïn**]
lotte	*tamboril*	[tainbou**ril**]
maquereau	*cavala*	[**ka**vala]
morue	*bacalhau*	[bakal**làou**]
moules	*mexilhões*	[mechil**lon-ich**]
oursin	*ouriços*	[**ori**ssouch]
palourdes	*amêijoas*	[a**méi**jouach]
pétoncles	*conchas*	[**kon**chach]
pieuvre	*polvo*	[**pol**vou]
raie	*raia*	[**rài**a]
requin	*tubarão*	[touba**ra-on**]
rouget	*salmonete*	[salmou**nete**]
sardines	*sardinhas*	[sar**dig**nas]
saumon	*salmão*	[sal**ma-on**]
saumon fumé	*salmão fumado*	[sal**ma-on** fou**ma**dou]
sole	*linguado*	[lin**goua**dou]

Commodités

| thon | *atum* | [**a**toun] |
| **truite** | *truta* | [**trou**ta] |

◆ ◆ ◆

ameijoas	**palourdes**	[**améi**jouach]
anchovas	**anchois**	[ain**cho**vach]
atum	**thon**	[**a**toun]
bacalhau	**morue**	[baka**llàou**]
camarões	**crevettes**	[kama**ron**-ich]
camarões	**crevettes**	[kma**ron**-ich]
caracol	**escargot**	[kara**kol**]
caranguejo	**crabe**	[karain**gué**jou]
conchas	**pétoncles**	[**kon**chach]
enguia	**anguille**	[en**guia**]
filete	**filet**	[fi**lè**te]
harenque	**hareng**	[a**ren**ke]
lagosta	**homard**	[la**go**chta]
lagosta	**langouste**	[la**go**chta]
lagostim	**langoustine**	[lagouch**tïn**]
linguado	**sole**	[lin**gou**adou]
lula	**calmar**	[**lou**lach]
ostras	**huîtres**	[**och**tra]
ouriço	**oursin**	[**o**rissou]
peixe espada	**espadon**	[**péi**che ech**pa**da]

Commodités

pescada	**colin**	[pech**ka**da]
polvo	**pieuvre**	[**pol**vou]
posta	**darne**	[**poch**ta]
raia	**raie**	[**rà**ia]
salmão fumado	**saumon fumé**	[sal**ma-on** fouma**dou**]
salmão	**saumon**	[sal**ma-on**]
sardinhas	**sardines**	[sar**di**gnach]
truta	**truite**	[**trou**ta]
tubarão	**requin**	[toubara-**on**]

Desserts – *Sobremesas*

caramel	*caramelo*	[kara**mè**lou]
chocolat	*chocolate*	[chou**cou**late]
crème-dessert	*creme de natas*	[**krè**me de **na**tach]
flan	*flan*	[**fla**in]
gâteau	*bolo*	[**bo**lou]
glace (crème glacée)	*gelado*	[ge**lo**dou]
meringue	*merengue*	[me**rén**gue]
mousse au chocolat	*musse de chocolate*	[**mou**sse de chou**kou**late]
riz sucré	*arroz doce*	[**arroch dô**sse]
sorbet	*sorvete*	[sour**vè**te]
tarte	*torta*	[**tor**ta]

Commodités

tartelettes à la crème	*pastéis de nata*	[pach**téich** de **na**ta]
vanille	*baunilha*	[**baou**nilla]

◆ ◆ ◆

baunilha	**vanille**	[**baou**nilla]
bolo	**gâteau**	[**bo**lou]
caramelo	**caramel**	[kara**mè**lou]
chocolate	**chocolat**	[chou**kou**late]
creme de natas	**crème-dessert**	[**krè**me de **na**tach]
flan	**flan**	[**fla**in]
gelado	**glace**	[ge**la**dou]
merengue	**meringue**	[me**ren**gue]
musse de chocolate	**mousse au chocolat**	[**mou**sse de chou**kou**late]
pastéis de nata	**tartelettes à la crème**	[pach**téich** de **na**ta]
sorvete	**sorbet**	[sour**vè**te]
torta	**tarte**	[**tor**ta]

SORTIES – *SAIR*

Divertissements – *Divertimentos*

ballet	*ballet*	[**ba**llet]
billetterie	*bilheteira*	[bille**téira**]
cinéma	*cinema*	[**si**nema]

concert	*concerto*	[kon**ser**tou]
danse folklorique	*danças folclóricas*	[**dain**ssach folk**lo**rikach]
entracte	*intervalo*	[inter**va**lou]
folklore	*folclore*	[**fol**klore]
guichet	*bilheteira*	[bille**téi**ra]
hockey	*hoquei*	[o**kéi**]
opéra	*ópera*	[**o**pera]
programme	*programa*	[**prou**grama]
siège	*lugar, assento*	[lou**gar**, **assen**tou]
siège réservé	*lugar reservado*	[lou**gar** reser**va**dou]
soccer	*futebol*	[foute**bol**]
spectacle	*espectáculo*	[ech**pètak**oulo]
tauromachie	*tauromaquia*	[taourouma**kïa**]
théâtre	*teatro*	[**tià**trou]
toréador	*toreiro*	[to**réi**rou]

Les places les moins chères
Os lugares mais baratos
[ouch lou**ga**rech **maï**ch bara**touch**]

Les meilleures places
Os melhores lugares
[ouch me**llo**rech lou**ga**rech]

Je voudrais... places.
Queria... lugares.
[ke**ria** .. lou**ga**rech]

Est-ce qu'il reste des places pour ...?
Ainda há lugares para ...?
[**aïn**da à lou**ga**rech para]

Quel jour présente-t-on ...?
Que dia é a apresentação ...?
[ke **di**a è a aprezenta**ssa-on**]

Est-ce en version originale?
É a versão original?
[é a ver**ssa-on** ori**gi**nal]

Est-ce sous-titré?
Tem legendas?
[téin le**gén**dach]

La vie nocturne – *Vida nocturna*

l'apéritif	*aperitivo*	[ape**ri**tivou]
bar	*bar*	[**bàr**]
bar gay	*bar de gays*	[bàr de **gai**ch]
bar lesbien	*bar de lésbicas*	[bàr de **lèch**bicach]
barman	*barman*	[**bàr**man]
boîte de nuit	*cabaré, discoteca*	[**ka**barè, dichkou**tè**ka]
chanteur	*cantor/a*	[kain**tor**/a]
consommation	*consumo*	[kon**ssou**mou]

danse	*baile*	[**bà**ile]
discothèque	*dicoteca*	[dichkout**è**ka]
entrée	*entrada*	[**én**tra**d**a]
fête	*festa*	[**fèch**ta]
jazz	*jazz*	[**jà**zz]
le milieu gay	*ambiente gay*	[ambi**én**te gueï]
musicien	*músico/a*	[mou**z**ikou/a]
musique en direct	*musica ao vivo*	[mou**z**ika aou **vi**vou]
piste de danse	*pista (de dança)*	[**pich**ta | de **dain**ssa]
strip-tease	*strip-tease*	[strip- tease]
travesti	*travesti*	[tra**vèch**ti]
maison de fado	*casa de fados*	[**k**a**z**a de **fa**douch]
chanteur/euse de fado	*fadista*	[fa**dich**ta]
un verre	*un trago*	[oun **tra**gou]
alcool	*alcool*	[al**kol**]
apéritif	*aperitivo*	[aperit**ti**vou]
bière	*cerveja*	[ser**véi**ja]
boisson importée	*bebida importada*	[be**b**ida impor**ta**da]
boisson nationale	*bebida nacional*	[be**b**ida nassiou**nal**]
digestif	*digestivo*	[digech**ti**vou]
eau minérale	*água mineral sem gaz*	[**a**goua mine**ral** s**é**in **ga**ch]
eau minérale gazeuse	*água mineral com gaz*	[**a**goua mine**ral** kon **ga**ch]

Commodités

jus d'orange	*sumo de laranja*	[**sou**mo de la**rain**ja]
soda	*soda*	[**so**da]
eau de vie	*aguardente*	[agouar**déin**te]
vermouth	*vermute*	[**vèr**moute]
vin	*vinho*	[**vi**gnou]

Rencontres - *Encontros*

affectueux	*meigo*	[**méi**gou]
beau/ belle	*bonito/a, lindo/a*	[bou**ni**to/a | **lin**dou/a]
célibataire	*solteiro/a*	[sol**téi**rou/a]
charmant/e	*encantador/a*	[enkanta**dor**/a]
compliment	*pirôpo*	[pi**ro**pou]
conquête	*conquista*	[kon**kich**ta]
couple	*casal*	[ka**sal**]
discret/e	*discreto/a*	[dis**krè**tou/a]
divorcé/e	*divorciado/a*	[divours**sia**dou/a]
draguer	*conquistar*	[konkich**tar**]
enchanté/e	*encantado/a*	[enkan**ta**dou/a]
fatigué/e	*cansado/a*	[kains**sa**dou]
femme	*mulher*	[moul**lèr**]
fidèle	*fiel*	[fi**èl**]
fille	*rapariga, moça*	[rapa**ri**ga | **mo**ssa]

garçon	*rapaz, moço*	[ra**pach** | **mo**ssou]
gay	*gay, homosexual*	[gu**éï** | omoss**è**kssoual]
grand/e	*grande*	[**grain**de]
homme	*homem*	[om**éin**]
invitation	*convite*	[kon**vi**te]
inviter	*convidar*	[konvi**dar**]
ivre	*bêbedo, ébrio*	[**bé**bedou | **è**briou]
jaloux/jalouse	*ciumento/a*	[**siou**mentou/a]
jeune	*jóvem*	[**jo**véin]
joli/e	*bonito/a, lindo/a*	[bo**ni**tou/a | **lin**dou/a]
jouer au billard	*jogar ao bilhar*	[jou**gar** àou bi**llar**]
laid/e	*feio/a*	[**féi**ou/a]
macho	*macho*	[**ma**chou]
marié/e	*casado/a*	[ka**za**dou/a]
mignon/ne	*amoroso/a*	[amou**ro**zou/a]
personnalité	*personalidade*	[personali**da**de]
petit/e	*pequeno/a*	[pe**ke**nou/a]
prendre un verre	*tomar um copo*	[tou**mar** oun **ko**pou]
rendez-vous	*encontro*	[èn**kon**trou]
Santé! (pour trinquer)	*saúde*	[sa**ou**de]
séparé/e	*separado/a*	[sepa**ra**dou/a]
seul/e	*sozinho/a*	[**so**zignou/a]
sexe sûr	*sexo forte*	[**sèk**sso **for**te]

sexy	*sexy*	[**sè**kssi]
sympathique	*simpático/a*	[**sin**patikou/a]
vieux/vieille	*velho/a*	[**vè**llou/a]

Comment allez-vous?
Como está o, senhor / a senhora?
[**ko**mo ech**tà** ou se**gno**r, a se**gno**ra]

Très bien, et vous?
Muito bem obrigado/a, e o senhor/a?
[**mouin**to béin obri**ga**dou/a i ou se**gno**r/a]

Je vous présente...
Apresento-lhe...
[apre**sén**tou-lle]

Pourriez-vous me présenter à cette demoiselle?
Podia apresentar-me esta rapariga?
[pou**dia** apre**sén**tar**me èch**ta rapa**ri**ga]

À quelle heure la plupart des gens viennent-ils?
A que horas chegam a maioria das pessoas?
[a ke **o**rach che**ga**-on a maiou**ri**a dach pe**sso**ach]

À quelle heure est le spectacle?
A que horas é o espectaculo?
[a ke **o**rach à ou ech**pèta**koulou]

Bonsoir, je m'appelle...
Boa noite, chamo-me...
[**boa noï**te **cha**mou-me]

Est-ce que cette musique te plaît?
Gosta da música?
[**goch**ta de **mou**zika]

Je suis hétérosexuel.
Sou heterosexual.
[sô etéro**sse**kssoual]

Je suis gay.
Sou gay.
[sô gueï]

Je suis lesbienne.
Sou lésbica.
[sô **lèch**bika]

Je suis bisexuel (le).
Sou bisexual.
[sô bi**sse**kssoual]

Est-ce que c'est ton ami (e), là-bas?
Aquele é o teu namorado/a?
[a**ké**le è o **té**ou namou**ra**dou/a]

| **Lequel?** | *Qual?* | [kou**àl**] |
| **le blond / la blonde** | *o/a loiro/a* | [ou/a **loï**rou/a] |

| le roux / la rousse | o/a ruivo/a | [ou/a **rou**ïvou/a] |
| le brun / la brune | o/a moreno/a | [ou/a mo**re**nou/a] |

Est-ce que tu prends un verre?
Tomas um copo?
[**to**mach oun **ko**pou]

Qu'est-ce que tu prends?
O que é que tomas?
[ou ke è ke **to**mach]

De quel pays viens-tu?
De que país és tu?
[de ke **pai**chs èch tou]

Es-tu ici en vacances ou pour le travail?
Estas aqui de férias ou por trabalho?
[ech**tàch** a**ki** de **fè**riach o pour tra**ba**llou]

Que fais-tu dans la vie?
Que fazes na vida?
[ke **fa**zech na **vi**da]

Habites-tu ici depuis longtemps?
Vives aqui há muito tempo?
[**vi**vech a**ki** à **mou**into **tém**pou]

Ta famille vit-elle également ici?
A tua família também vive cá?
[a **tou**a fa**mi**lia tain**béin vi**ve kà]

As-tu des frères et sœurs?
Tens irmãos?
[téinich ir**ma-onch** i irmainch]

Est-ce que tu viens danser?
Vens dançar?
[**véin**ch dain**ssar**]

Cherchons un endroit tranquille pour bavarder.
Porcuremos um lugar calmo para conversar.
[prokou**re**mouch oun lou**gar** kal**mou** para konver**ssar**]

Tu es bien mignon (ne).
És muito bonito/a, muito lindo/a.
[éch m**ouin**tou boni**tou**/a **lin**dou/a]

As-tu un ami (une amie)?
Tens um namorado/a?
[**téin**ch oun namou**radou**/a]

Quel dommage!
Que pena!
[ke **pé**na]

Aimes-tu les hommes (les femmes)?
Tu gostas de homens (de mulheres)?
[**goch**tach de o**méin**ch | de mou**llè**rech]

As-tu des enfants?
Tens filhos?
[**tèin**ch **fi**llouch]

Pouvons-nous nous revoir demain soir?
Podemos ver-nos amanhã à noite?
[po**dé**mouch vér-nouch ama**gnain** à **noï**te]

Quand pouvons-nous nous revoir?
Quando é que podemos voltar a ver-nos?
[koua**indo** è ke po**de**mouch vol**tar** a **ver**-nouch]

J'aimerais t'inviter à dîner demain soir.
Gostaria de convidar-te para jantar amanhã à noite.
[gouch**taria** de konvi**dar**-te para jain**tar** ama**gnain** à **noï**te]

Viens-tu chez moi?
Vens a minha casa?
[**véin**ch a **mi**gna **ka**za]

Pouvons-nous aller chez toi?
Podemos ir a tua casa?
[pou**de**mouch ir a **tou**a **ka**sa]

J'ai passé une excellente soirée avec toi.
Passei uma excelente noite contigo.
[pas**séi** ouma echce**lente noï**te kon**tigou**]

ACHATS – *IR ÀS COMPRAS*

À quelle heure ouvrent les boutiques?
A que horas abrem as lojas, as butiques?
[a ke **o**rach a**bréin** ach **lo**jach, ach bou**ti**kech]

À quelle heure ferment les boutiques?
A que horas fecham as lojas, as butiques?
[a ke **o**rach **feh**cha-on ach **lo**jach, ach bu**ti**kech]

Est-ce que les boutiques sont ouvertes aujourd'hui?
As lojas estão abertas hoje?
[ach **lo**jach ech**ta**-on a**bèr**tach **o**je]

À quelle heure fermez-vous?
A que horas é que fecha?
[a ke **o**rach é ke **fe**cha]

À quelle heure ouvrez-vous demain?
A que horas abre amanhã?
[a ke **o**rach **a**bre ama**gnain**]

Avez-vous d'autres succursales?
Há outras sucursais?
[à **o**trach sou**kour**ssaich]

Quel est le prix?
Qual é o preço?
[kou**al** è ou **pre**ssou]

Commodités

Combien cela coûte-t-il?
Isto, quanto é que custa?
[**ich**to **kouain**tou è ke **kouch**ta]

En avez-vous des moins chers?
O senhor / a senhora tem mais baratos?
[ou se**gno**r / a se**gno**ra téin **mai**ch ba**ra**touch]

Je cherche une boutique de...
Procuro uma butique de...
[pro**kou**rou ouma bou**ti**ke de]

Où se trouve le supermarché le plus près d'ici?
Onde é o supermercado mais perto?
[**on**de è ou soupèrmer**ka**dou **mai**ch **pèr**tou]

centre	centro	[**sén**trou
commercial	comercial	koumer**ssial**]
marché	mercado	[mer**ka**dou]
boutique	loja, butique	[**lo**ja, bou**ti**ke]
cadeau	presente	[pre**sén**te]
carte postale	postal	[poch**tal**]
timbres	selos	[**se**louch]
vêtements	ropas	[**ro**pach]

Différents commerces – *lojas variadas*

Agent de voyages   *agente de viagens*   [ag**én**te de **via**géinch]

Je voudrais modifier ma date de retour.
Queria mudar a minha data de regresso.
[ke**ria** mou**dar** a **mi**gna **da**ta de re**grè**ssou]

Je voudrais acheter un billet pour...
Queria comprar um bilhete para...
[ke**ria** kon**prar** oun bill**é**te para]

aliments naturels	*alimentos naturais*	[alim**én**touch natou**raich**]
appareils électroniques	*aparelhos electrodomésticos*	[apa**re**llouch elètrodou**mèch**ticouch]

Je voudrais une nouvelle pile pour...
Queria uma pilha nova para...
[ke**ria** ouma **pi**lla **no**va para]

artisanat	*artesanato*	[arteza**na**tou]
boucherie	*talho*	[**ta**llou]
buanderie	*lavandaria*	[lavaind**aria**]
coiffeur	*cabeleireiro*	[kabelei**réi**rou]
disquaire	*casa de discos*	[**ka**za de **dich**couch]

Commodités

Avez-vous un disque de...
Tem um disco de...
[téin oun **dich**kou de]

Quel est le plus récent disque de ...?
Qual é o disco mais recente de ...?
[koual é ou **dich**kou **maich** ress**én**te de]

Est-ce que je peux l'écouter?
Posso escutá-lo?
[**po**ssou echcou**ta**-lou]

Pouvez-vous me dire qui chante?
Pode dizer-me quanto custa?
[**po**de di**zer**-me **kouain**tou **kouch**ta]

Avez-vous un autre disque de ...?
Tem outro disco de ...?
[**téin o**trou **dich**kou de]

Équipement photographique	*Equipamento de fotografia*	[ekipa**mén**tou de foutoura**fi**a]
Équipement informatique	*equipamento de informática*	[ekipa**mén**tou de infour**mà**tika]

Faites-vous les réparations?
O senhor / a senhora, faz consertos?
[ou se**gnor**, a se**gno**ra **fach** kons**ser**touch]

Comment/où puis-je me brancher à Internet?
Como? Onde posso acessar à internete?
[**ko**mou | onde **po**ssou asse**ssar** à inter**nète**]

équipement sportif	*equipamento desportivo*	[ekipa**mén**tou dechpour**ti**vou]
jouets	*jogos*	[**jo**gouch]
librairie	*livraria*	[livra**ria**]
atlas routier	*atlas de estradas*	[**a**tlach de ech**tra**dach]
beau livre	*livro ilustrado*	[**li**vrou ilouch**tra**dou]
carte	*mapa*	[**ma**pa]
carte plus précise	*mapa mais detalhado*	[**ma**pa **mai**ch detal**la**dou]
dictionnaire	*dicionário*	[dissiou**na**riuo]
guide	*guia*	[**gui**a]
journaux	*jornais, diários*	[jour**nai**ch, **di**ariouch]
littérature	*literatura*	[litera**tou**ra]
livre	*livro*	[**li**vrou]
magazines	*revistas*	[re**vich**tach]
poésie	*poesia*	[poé**si**a]
répertoire des rues	*repertório de ruas*	[reper**to**riou de **rou**ach]

Avez-vous des livres en français?
O senhor / a senhora, tem livros em francês?
[ou se**gnor**, a se**gno**ra téin **li**vrouch éin frans**séch**]

marché d'alimentation	*mercado*	[mer**ka**dou]
marché d'artisanat	*mercado de artesanato*	[mer**ka**dou de artesa**na**tou]
marché public	*mercado público*	[mer**ka**dou **pou**blicou]
nettoyeur à sec	*lavandaria*	[lavainda**rïa**]

Pouvez-vous laver et repasser cette chemise pour demain?
O senhor / a senhora, pode lavar e engomar esta camisa para amanhã?
[ou se**gnor**, a se**gno**ra **po**de la**var** ién**gou**mar **ech**ta ka**mi**za para ama**gnain**]

oculiste	*oculista*	[okou**lich**ta]

J'ai brisé mes lunettes.
Parti os meus óculos (as lentes).
[par**ti** ouch **me**ouch o**kou**louch | **lén**tech]

Je voudrais faire remplacer mes lunettes.
Queria mudar os meus óculos (lentes).
[ke**ria** mou**dar** ouch **me**ouch o**kou**louch | **lén**tech]

J'ai perdu mes lunettes.
Perdi os meus óculos.
[per**di** ouch **mé**ouch o**kou**louch | **lén**tech]

J'ai perdu mes lentilles cornéennes.
Perdi as minhas lentes de contacto.
[per**di** ach **mi**gnach **lén**tech de kon**tato**]

140

Commodités

Voici mon ordonnance.
Aqui está a minha receita.
[a**ki** ech**tà** a **mi**gna res**séi**ta]

Je dois passer un nouvel examen de la vue.
Devo fazer um novo exame à vista.
[**de**vou fa**zer** oun **no**vou **e**zame à **vich**ta]

pharmacie	*farmácia*	[far**ma**ssia]
poissonnerie	*peixaria*	[péicha**ria**]
produits de beauté	*produtos de beleza*	[pro**dou**touch de be**le**za]
quincaillerie	*casa de ferragens*	[**ka**za de fer**rà**géinch]
supermarché	*supermercado*	[soupèrmer**ka**dou]

Pouvez-vous me faire un meilleur prix?
O senhor / a senhora pode fazer-me um melhor preço?
[ou se**gnor**, a se**gno**ra **po**de fa**zar**-me oun me**llor** pre**ssou**]

Est-ce que vous acceptez les cartes de crédit?
O senhor / a senhora aceita cartões de crédito?
[ou se**gnor**, a se**gno**ra as**séi**ta kar**ton**-ich de **krè**ditou]

Vêtements – *Ropa*

vêtements d'enfants	*roupa para crianças*	[**ro**pa para **kriain**ssach]
vêtements de femmes	*roupa para senhoras*	[**ro**pa para se**gno**rach]

Commodités

vêtements d'hommes	*roupa para homens*	[ropa para oméinch]
vêtements sport	*roupa desportiva*	[**ro**pa dechpour**tiva**]
anorak	*gabardines*	[ga**bar**dinech]
caleçon	*calção, calções*	[kalssa-**on** | kal**sson**-ich]
casquette	*gorro*	[**gor**rou]
ceinture	*cinto*	[**sin**tou]
chapeau	*chapéu*	[cha**pèou**]
chandail	*camisola*	[kami**zo**la]
chaussettes	*meias, soquetes*	[**méi**ach, so**kè**tech]
chaussures	*sapatos*	[sa**pa**touch]
chemise	*camisa*	[ka**mi**za]
complet	*traje*	[**tra**ge]
cravate	*gravata*	[gra**và**ta]
culotte	*cueca*	[kou**è**ka]
jean	*jeans*	[jeans]
jupe	*saia*	[**sà**ia]
maillot de bain	*fato de banho*	[**fa**tou de **ba**gnou]
manteau	*casaco, sobretudo*	[ka**za**kou, obre**tou**dou]
pantalon	*calça*	[**kal**ssa]
peignoir	*penteador*	
pull	*pulóver*	[poulo**vèr**]
robe	*vestido*	[vech**ti**dou]
short	*calção*	[kalssa-**on**]

sous-vêtement	*roupa interior*	[**ro**pa inte**rior**]
soutien-gorge	*sutiã*	[sou**tien**]
tailleur	*saia-casaco*	[**sai**a | ka**za**kou]
t-shirt	*camiseta, t-shirt*	[kami**zet**a | t-shirt]
veste	*jaqueta*	[ja**ke**ta]
veston	*jaquetão*	[jake**ta**-on]

Est-ce que je peux l'essayer?
Posso provar?
[**po**ssou prou**var**]

Est-ce que je peux essayer une taille plus grande?
Posso provar um tamanho maior?
[**po**ssou prou**var** oun ta**ma**gnou **mai**or]

Est-ce que je peux essayer une taille plus petite?
Posso provar um tamanho mais pequeno?
[**po**ssou prou**var** oun ta**ma**gnou **mai**ch pe**ke**nou]

Est-ce que vous faites les rebords? la retouche?
Pode fazer as baínhas? Retocar?
[**po**de fa**zer** ach **baï**gnach \| retou**kar**]

Est-ce qu'il faut payer pour la retouche?
Tem que se pagar pelos retoques?
[téin ke se pa**gar** **pe**louch re**to**kech]

Quand est-ce que ce sera prêt?
Para quando está pronto?
[para **kouain**dou echt**à pron**tou]

En avez-vous des plus ...?
Tem mais ...?
[téin **mai**ch]

grands	*grandes*	[**grain**dech]
petits	*pequenos*	[pe**ke**nouch]
larges	*largos*	[**lar**gouch]
légers	*leves*	[**lè**vech]
foncés	*escuros*	[ech**kou**rouch]
clairs	*claros*	[**kla**rouch]
économiques	*baratos*	[bara**tou**ch]
amples	*amplos*	[**ain**plouch]
serrés	*estreitos*	[ech**tréi**touch]
simples	*simples*	[**sim**plech]
souples	*leves*	[**lè**vech]

Tissus – *tecidos*

acrylique	*acrílico*	[a**kri**likou]
coton	*algodão*	[algo**da**-on]
laine	*lã*	[**lain**]
lin	*linho*	[**li**gnou]
polyester	*poliester*	[po**lièch**ter]

rayonne   *seda*   [**sé**da
                    artificial   arti**fi**ssial]

soie   *seda*   [**se**da]

De quel tissu est-ce fait?
De que material está feito?
[de ke mate**rial** ech**tà féi**tou]

Est-ce que c'est l00% coton?
É de 100% algodão?
[é de l00% algou**da-on**]

RAPPORTS HUMAINS

VIE PROFESSIONNELLE –
VIDA PROFISSIONAL

Je vous présente...	*Apresento-lhe...*	[apreséntou-lle]
Enchanté(e).	*Encantado/a.*	[enkantadou | a]

J'aimerais avoir un rendez-vous avec le directeur.
Gostaria de marcar um encontro com o director.
[gouchtaria de markar oun énkontrou kon o dirètor]

Puis-je avoir le nom du directeur?
Poderia dar-me o nome do director?
[pouderia dar- me ou nome dou dirètor]

Puis-je avoir le nom de la personne responsable ...?
Pode dar-me o nome da pessoa responsável ...?
[pouderia dar- me ou nome da pessoa rechponssàvèl]

du marketing	*do marketing*	[dou marketing]
des importations	*das importações*	[dach ïnpourtasson-ich]
des exportations	*das exportações*	[dach echpourtasson-ich]
des ventes	*das vendas*	[das véndach]
des achats	*das compras*	[das konprach]

147

du personnel	*do pessoal*	[dou pe**ssou**al]
de la comptabilité	*da contabilidade*	[da kontabili**da**de]
C'est urgent.	*É urgente.*	[è our**gén**te]

Je suis..., de la société...
Sou..., da empresa...
[sô..., da ein**pre**za]

Elle n'est pas ici en ce moment.
Ela não está aqui neste momento.
[èla **na-on** echtà **a**ki **nech**te mo**mén**tou]

Elle est sortie.
Ela saiu.
[èla **saï**ou]

Quand sera-t-elle de retour?
Quando estará de volta?
[**kouain**dou echta**rà** de **vol**ta]

Pouvez-vous lui demander de me rappeler?
Pode pedir-lhe que me telefone?
[**po**de pe**dir**-lle ke me tele**pho**ne]

Je suis de passage au Portugal pour trois jours.
Estou de passagem em Portugal por três dias.
[ech**to** de pa**ssa**géin éin Portu**gal** pour tréh **di**ach]

Je suis à l'hôtel... Vous pouvez me joindre au..., chambre...
Estou no hôtel... Pode encontrar-me no..., quarto...
[echto nou ôtèl... pode enkon**trar**-me nou... **kouar**tou...]

J'aimerais vous rencontrer brièvement pour vous présenter notre produit.
Gostaria de encontrar-me com o senhor/a para apresentar-lhe o nosso produto.
[gouch**ta**ria de enkon**trar**-me kon o se**gnor**/a para apre**zén**tar-lle ou **no**ssou prou**dou**tou]

J'aimerais vous rencontrer brièvement pour discuter d'un projet.
Gostaria de encontrar-lo/a um momento para discutir de um projecto.
[gouch**ta**ria de enkon**tra**-lou/a oun **mo**mentou para dichcou**tir** de oun pro**gè**tou]

Nous cherchons un distributeur pour...
Procuramos um distribuidor para...
[prokou**ra**mouch oun dichtri**boui**dor]

Nous aimerions importer votre produit, le...
Gostariamos de importar o seu produto, o...
[gouch**ta**riamouch de inpour**tar** ou séou prou**dou**tou, ou...]

Les professions – *Das profissõles*

administrateur/ administratrice	*administrador/a*	[administra**dor**/a]
agent de voyages	*agente de viagens*	[a**gén**te de **via**géinch]

agent de bord	*hospedeira* *comissário de bordo*	[ochpe**déi**ra] [koumiss**à**riou de **bor**dou]
architecte	*arquitecto*	[arki**tè**tou]
artiste	*artista*	[ar**tich**ta]
athlète	*atleta*	[at**lè**ta]
avocat (e)	*advogado/a*	[advo**ga**dou/a]
biologiste	*biólogo/a*	[**bio**lougou/a]
chômeur (se)	*estou desempregado*	[echt**o** dezempre**ga**dou]
coiffeur (se)	*cabeleireiro/a*	[kabeleir**éi**rou]
comptable	*contabilista*	[kontabi**lich**ta]
cuisinier(ère)	*cozinheiro/a*	[kouzig**néi**rou]
dentiste	*dentista*	[den**tich**ta]
designer	*desenbador/a*	[dezegna**dor**/ar]
diététicien (ne)	*dietetista*	[**diè**tetichta]
directeur (trice)	*director/a*	[di**rè**tor/a]
écrivain (ne)	*escritor/a*	[es**kri**tor/a
éditeur / trice	*editor/a*	[ed**i**tor/a]
étudiant (e)	*estudante*	[estou**dain**te]
fonctionnaire	*funcionário/a*	[founssion**à**rio/a]
graphiste	*grafista*	[gra**fich**ta]
guide accompagnateur/ accompagnatrice	*guia acompanhador/a*	[**gui**a akonpa**gna**dor/a]
infirmier (ère)	*enfermeiro/a*	[enfér**méi**rou/a]
informaticien (ne)	*informático/a*	[inform**à**tikou/a]
ingénieur (e)	*engenheiro/a*	[éinge**gnéi**rou/a]

Rapports humains

journaliste	*jornalista*	[journa**lich**ta]
libraire	*livreiro/a*	[livr**réi**rou/a]
mécanicien (ne)	*mecânico/a*	[me**ka**nikou/a]
médecin	*médico/a*	[**mè**dikou/a]
militaire	*militar*	[mili**tart**]
musicien	*músico*	[**mou**zikou]
ouvrier (ère)	*operário*	[ope**rà**riou]
photographe	*fotógrafo/a*	[fo**to**grafou/a]
pilote	*piloto*	[pi**lo**tou]
professeur (e)	*professor/a*	[profe**ssor**/a]
psychologue	*psicólogo/a*	[psi**ko**logo/a]
secrétaire	*secretario/a*	[sekre**ta**rio/a]
serveur (euse)	*servente, criado/a*	[ser**vén**te, kriadou/a]
technicien (ne)	*técnico/a*	[**tè**knikou]
urbaniste	*urbanista*	[ourba**nich**ta]
vendeur (euse)	*vendedor/a*	[vende**dor**/a]

Le domaine de... – *Na área de...*

de l'édition	*da edição*	[da édi**ssa-on**]
de la construction	*da construção*	[da konstrou**ssa-on**]
du design	*de desenho*	[do de**zé**gnou]
de la restauration	*da restauração*	[da rechtaoura**ssa-on**]
du voyage	*das viagens*	[dach **vià**géinch]
de la santé	*da saude*	[da sa**ou**de]

151

Rapports humains

du sport	*do desporto*	[do dech**por**tou]
de l'éducation	*da educação*	[da édouka**ssa-on**]
manufacturier	*das fábricas*	[das **fà**brikach
public	*publica*	[**pou**blika]
des télé-communications	*das telecomuni-cações*	[dach tèlèkoumouni-ka**ssonich**]
de l'électricité	*da electricidade*	[da eletri**ssi**dade]
du spectacle	*do espectáculo*	[do espè**tà**koulou]
des médias	*da comunicação*	[da koumounika**ssa-on**]
de la musique	*da música*	[da **mou**zika]

Études – *Estudos*

administration	*administração*	[administra**ssa-on**]
architecture	*arquitectura*	[arki**tè**toura]
art	*arte*	[**ar**te]
biologie	*biología*	[biou**gia**]
comptabilité	*contabilidade*	[kontabili**da**de]
diététique	*dietética*	[die**tè**tika]
droit	*direito*	[dir**éi**tou
environnement	*meio ambiente*	[**mei**o ain**bien**te]
géographie	*geografia*	[géogra**fia**]
graphisme	*grafismo*	[gra**fich**smou]
histoire	*história*	[ich**to**ria]
informatique	*informática*	[infor**mà**tika]

ingénierie	engenharia	[engegnaria]
journalisme	jornalismo	[journalichmou]
langues	línguas	[lingouach]
littérature	literatura	[literatoura]
médecine	medicina	[medessina]
nursing	enfermagem	[enfermagéin]
psychologie	psicología	[psikoulogia]
science politiques	ciências políticas	[sienssiach politikach]
tourisme	turismo	[tourichmou]

Es-tu étudiant?
És estudante?
[èch echtoudainte]

Qu'étudies-tu?
Que estudas?
[ke echtoudach]

FAMILLE – *FAMÍLIA*

frère	irmão	[irma-on]
sœur	irmã	[irmain]
mes frères et sœurs	meus irmão, minhas irmãs	[méouch irmain-ouch mignas irmainch]
mère	mãe	[main-i]
père	pai	[pai]

153

fils	*filho*	[**fi**llou]
fille	*filha*	[**fi**lla]
grand-mère	*avó*	[avo]
grand-père	*avô*	[a**vô**]
neveu	*sobrinho*	[so**bri**gnou]
nièce	*sobrinha*	[so**bri**gna]
cousin	*primo*	[**pri**mou]
cousine	*prima*	[**pri**ma]
beau-frère	*cunhado*	[kou**gna**dou]
belle-sœur	*cunhada*	[kou**gna**da]

SENSATIONS ET ÉMOTIONS –
SENSAÇÕES E EMOÇÕES

J'ai faim.	*Tenho fome.*	[**ta**gnou **fo**me]
Nous avons faim.	*Temos fome.*	[**te**mouchs **fo**me]
Il a faim.	*Ele tem fome.*	[ele **tèin fo**me]
Elle a faim.	*Ele tem fome.*	[èla **tèin fo**me]
J'ai soif.	*Tenho sede.*	[**ta**gnou **se**de]
Je suis fatigué (e).	*Estou cansado/a.*	[ech**to** kan**ssa**dou/a]
J'ai froid.	*Tenho frio.*	[**ta**gnou friou]
J'ai chaud.	*Tenho calor.*	[**ta**gnou ka**lor**]
Je suis malade.	*Estou doente.*	[ech**to** dou**én**te]
Je suis content	*Estou contente.*	[ech**to** kon**tén**te]
Je suis heureux/ heureuse.	*Sou feliz.*	[sô fe**lich**]

Rapports humains

Je suis satisfait (e).	Estou satisfeito/a.	[echto satichféitou/a]
Je suis désolé (e).	Sinto muito.	[sintou mouintou]
Je suis déçu (e).	Estou decepcionado/a.	[echto dessèssionadou/a]
Je m'ennuie.	Aborreço-me.	[abourréssou-me]
J'en ai assez.	É suficiente.	[é soufissiénte]
Je suis impatient (e) de...	Estou impaciente por...	[echto impassiénte pour]
Je m'impatiente.	Impanciento-me	[impassiéntou-me]
Je suis curieux / curieuse de...	Tenho curiosidade de...	[tagnou kouriozidade de]
Je suis égaré (e).	Estou perdido/a.	[echto perdidou | a]

INDEX DES MOTS FRANÇAIS

INDEX DES MOTS PORTUGAIS

NOTES

NOTES

Surfez
sur le plaisir
de mieux
voyager